ISBN 978-0-666-66736-6
PIBN 10490954

ÉPITRES,

STANCES, ET ODES,

DE

VOLTAIRE.

EDITION STEREOTYPE.

A PARIS,

DE L'IMPRIMERIE DE P. DIDOT L'AÎNÉ

AU PALAIS NATIONAL DES SCIENCES ET ARTS.

AN VIII.

ÉPITRES.

~~~~~~~~~~~~~~~~~~~~~~~~~~~~~~~~~~~~

EPITRE PREMIERE.

A MONSEIGNEUR,

fils unique de Louis XIV. (1706 ou 1707.)

NOBLE sang du plus grand des rois,
Son amour et notre espérance,
Vous qui, sans régner sur la France,
Régnez sur le cœur des François,
Pourrez-vous souffrir que ma veine,
Par un effort ambitieux,
Ose vous donner une étrenne,
Vous qui n'en recevez que de la main des dieux?
    La nature en vous faisant naître
Vous étrenna de ses plus doux attraits,
    Et fit voir dans vos premiers traits
Que le fils de Louis était digne dé l'être.
Tous les dieux à l'envi vous firent leurs présents;
    Mars vous donna la force et le courage;
    Minerve dès vos jeunes ans
Ajouta la sagesse au feu bouillant de l'âge;
L'immortel Apollon vous donna la beauté :
Mais un dieu plus puissant, que j'implore en mes peines,
    Voulut aussi me donner mes étrennes
En vous donnant la libéralité.

II. A madame la comtésse DE FONTAINE,

sur son roman de la comtesse de Savoie. (1713.)

La Fayette et Segrais, couple sublime et tendré,
Le modele avant vous de nos galants écrits,
Des champs élysiens sur les ailes des Ris
     Vinrent depuis peu dans Paris.
D'où ne viendrait-on pas, Sapho, pour vous entendre?
     A vos genoux tous deux humiliés,
     Tous deux vaincus et pourtant pleins de joie,
       Ils mirent leur Zaïde aux pieds
       De la comtesse de Savoie.
Ils avaient bien raison; quel dieu, charmant auteur,
Quel dieu vous a donné ce langage enchanteur,
     La force et la délicatesse,
     La simplicité, la noblesse,
     Que Fénélon seul avait joint ;
Ce naturel aisé dont l'art n'approche point?
Sapho, qui ne croirait que l'Amour vous inspire?
Mais vous vous contentez de vanter son empire;
De Mendoce amoureux vous peignez le beau feu,
     Et la vertueuse faiblesse
       D'une maitresse
Qui lui fait en fuyant un si charmant aveu.
Ah ! pouvez-vous donner ces leçons de tendresse,
     Vous qui les pratiquez si peu?
C'est ainsi que Marot sur sa lyre incrédule
Du dieu qu'il méconnut prôna la sainteté:
Vous avez pour l'amour aussi peu de scrupule ;
Vous ne le servez point, et vous l'avez chanté.
     Adieu ; malgré mes épilogues,
     Puissiez-vous pourtant tous les ans
     Me lire deux ou trois romans,
     Et taxer quatre synagogues !

III. A M. L'ABBÉ SERVIEN,

prisonnier au château de Vincennes. (1714.)

AIMABLE abbé, dans Paris autrefois
La volupté de toi reçut des lois;
Les Ris badins, les Graces enjouées,
A te servir dès long-temps dévouées,
Et dès long-temps fuyant les yeux du roi,
Marchaient souvent entre Philippe et toi,
Te prodiguaient leurs faveurs libérales,
Et de leurs mains marquaient dans leurs annales,
En lettres d'or, mots et contes joyeux,
De ton esprit enfants capricieux.
 ˉ O doux plaisirs, amis de l'innocence,
Plaisirs goûtés au sein de l'indolence,
Et cependant des dévots inconnus!
O jours heureux! qu'êtes-vous devenus
Hélas! j'ai vu les Graces éplorées,
Le sein meurtri, pâles, désespérées;
J'ai vu les Ris tristes et consternés
Jeter les fleurs dont ils étaient ornés;
Les yeux en pleurs et soupirant leurs peines,
Ils suivaient tous le chemin de Vincennes,
Et regardant ce château malheureux,
Aux beaux esprits, hélas! si dangereux,
Redemandaient aux destins en colere
Le tendre abbé qui leur servait de pere.
 N'imite point leur sombre désespoir:
Et puisqu'enfin tu ne peux plus revoir
Le prince aimable à qui tu plais, qui t'aime,
Ose aujourd'hui te suffire à toi-même.
On ne vit pas au donjon comme ici:
Le destin change, il faut changer aussi;

Au sel attique, au riant badinage
Il faut mêler la force et le courage ;
A son état mesurant ses desirs,
Selon les temps se faire des plaisirs,
Et suivre enfin, conduit par la nature,
Tantôt Socrate, et tantôt Epicure.
Tel dans son art un pilote assuré,
Maître des flots dont il est entouré,
Sous un ciel pur où brillent les étoiles
Au vent propice abandonne ses voiles,
Et, quand la mer a soulevé ses flots,
Dans la tempête il trouve le repos ;
D'une ancre sûre il fend la molle arene,
Trompe des vents l'impétueuse haleine ; .
Et, du trident bravant les rudes coups,
Tranquille et fier, rit des dieux en courroux.

    Tu peux, abbé, du sort jadis propice
Par ta vertu corriger l'injustice ;
Tu peux changer ce donjon détesté
En un palais par Minerve habité:
Le froid ennui, la sombre inquiétude,
Monstres affreux nés dans la solitude,
De ta prison vont bientôt s'exiler.
Vois dans tes bras de toutes parts voler
L'oubli des maux, le sommeil desirable,
L'indifférence au cœur inaltérable,
Qui, dédaignant les outrages du sort,
Voit d'un même œil et la vie et la mort ;
La paix tranquille, et la constance altiere,
Au front d'airain, à la démarche fiere,
A qui jamais ni les rois ni les dieux
La foudre en main n'ont fait baisser les yeux.
    Divinités des sages adorées,
Que chez les grands vous êtes ignorées !
Le fol amour, l'orgueil présomptueux,
Des vains plaisirs l'essaim tumultueux,

Troupe volage à l'erreur consacrée,
De leurs palais vous défendent l'entrée.
Mais la retraite a pour vous des appas;
Dans nos malheurs vous nous tendez les bras;
Des passions la troupe confondue
A votre aspect disparaît éperdue.
Par vous, heureux au milieu des revers,
Le philosophe est libre dans les fers.
Ainsi Fouquet, dont Thémis fut le guide,
Du vrai mérite appui ferme et solide,
Tant regretté, tant pleuré des neuf sœurs,
Le grand Fouquet, au comble des malheurs,
Frappé des coups d'une main rigoureuse,
Fut plus content dans sa demeure affreuse,
Environné de sa seule vertu,
Que quand jadis, de splendeur revêtu,
D'adulateurs une cour importune
Venait en foule adorer sa fortune.
  Suis donc, abbé, ce héros malheureux;
Mais ne va pas, tristement vertueux,
Sous le beau nom de la philosophie
Sacrifier à la mélancolie,
Et, par chagrin plus que par fermeté,
T'accoutumer à la calamité.
  Ne passons point les bornes raisonnables.
Dans tes beaux jours, quand les dieux favorables
Prenaient plaisir à combler tes souhaits,
Nous t'avons vu, méritant leurs bienfaits,
Voluptueux avec délicatesse,
Dans tes plaisirs respecter la sagesse:
Par les destins aujourd'hui maltraité,
Dans la sagesse aime la volupté;
D'un esprit sain, d'un cœur toujours tranquille,
Attends qu'un jour de ton noir domicile
On te rappelle au séjour bienheureux;
Que les plaisirs, les graces et les jeux,

Quand, dans Paris, ils te verront paraître,
Puissent sans peine encor te reconnaitre :
Sois tel alors que tu fus autrefois ;
Et cependant que Sulli quelquefois
Dans ton château vienne par sa présence
Contre le sort affermir ta constance.
Rien n'est plus doux, après la liberté,
Qu'un tel ami dans la captivité :
Il est connu chez le dieu du Permesse ;
Grand sans fierté, simple et doux sans bassesse,
Peu courtisan, partant homme de foi,
Et digne enfin d'un oncle tel que toi.

IV.   A madame de MONTBRUN-VILLE-FRANCHE. (1714.)

Montbrun, par l'Amour adoptée,
Digne du cœur d'un demi-dieu,
Et, pour dire encor plus, digne d'être chantée
Ou par Ferrand, ou par Chaulieu :
Minerve et l'enfant de Cythere
Vous ornent à l'envi d'un charme séducteur :
Je vois briller en vous l'esprit de votre mere,
Et la beauté de votre sœur :
C'est beaucoup pour une mortelle.
Je n'en dirai pas plus : songez bien seulement
A vivre, s'il se peut, heureuse autant que belle ;
Libre des préjugés que la raison dément,
Aux plaisirs où le monde en foule vous appelle
Abandonnez vous prudemment.
Vous aurez des amants ; vous aimerez, sans doute :
Je vous verrai, soumise à la commune loi,
Des beautés de la cour suivre l'aimable route,
Donner, reprendre votre foi.

Pour moi, je vous loûrai, ce sera mon emploi.
Je sais que c'est souvent un partage stérile,
  Et que La Fontaine et Virgile
Recueillaient rarement le fruit de leurs chansons:
D'un inutile dieu malheureux nourrissons,
Nous semons pour autrui. J'ose bien vous le dire :
Mon cœur de la Duclos fut quelque temps charmé;
L'amour en sa faveur avait monté ma lyre ;
Je chantais la Duclos, d'Usez en fut aimé :
  C'était bien la peine d'écrire !
Je vous loûrai pourtant; il me sera trop doux
  De vous chanter, et même sans vous plaire;
   Mes chansons seront mon salaire :
   N'est-ce rien de parler de vous ?

~~~~~~

V. A M. LE DUC DE LA FEUILLADE. (1714.)

Conservez précieusement
L'imagination fleurie
Et la bonne plaisanterie,
Dont vous possédez l'agrément,
Au défaut du tempérament,
Dont vous vous vantez hardiment,
Et que tout le monde vous nie.
La dame qui depuis long-temps
Connaît à fond votre personne,
A dit : Hélas ! je lui pardonne
D'en vouloir imposer aux gens;
Son esprit est dans son printemps,
Mais son corps est dans son automne.
Adieu, monsieur le gouverneur,
Non plus de province frontiere,
Mais d'une beauté singuliere,
Qui, par son esprit, par son cœur,

Et par son humeur libertine,
De jour en jour fait grand honneur
Au gouverneur qui l'endoctrine.
Priez le Seigneur seulement
Qu'il empêche que Cythérée
Ne substitue incessamment
Quelque jeune et frais lieutenant
Qui ferait sans vous son entrée
Dans un si beau gouvernement.

~~~~~~

VI. A M. L'ABBÉ DE * * *,

qui pleurait la mort de sa maîtresse. (1715.)

Toi qui fus des plaisirs le délicat arbitre,
Tu languis, cher abbé : je vois, malgré tes soins,
Que ton triple menton, l'honneur de ton chapitre,
　　Aura bientôt deux étages de moins.
Esclave malheureux du chagrin qui te domte,
　　　Tu fuis un repas qui t'attend;
　　　Tu jeûnes comme un pénitent·
　　　Pour un chanoine quelle honte !
Quels maux si rigoureux peuvent donc t'accabler?
Ta maitresse n'est plus, et de ses yeux éprise
Ton ame avec la sienne est prête à s'envoler !
Que l'amour est constant dans un homme d'église,
Et qu'un mondain saurait bien mieux se consoler !
　　　Je sais que ta fidele amie
　　　Te laissait prendre en liberté
　　De ces plaisirs qui font qu'en cette vie
On desire assez peu ceux de l'éternité :
　　　Mais suivre au tombeau ce qu'on aime,
　　　Ami, crois moi, c'est un abus :
　　　Quoi! pour quelques plaisirs perdus
　　　Voudrais-tu te perdre toi-même?

Ce qu'on perd en ce monde-ci
Le retrouvera-t-on dans une nuit profonde ?
Des mysteres de l'autre monde
On n'est que trop tôt éclairci.
Attends qu'à tes amis la mort te réunisse,
Et vis par amitié pour toi :
Mais vivre dans l'ennui, ne chanter qu'à l'office,
Ce n'est pas vivre, selon moi :
Quelques femmes toujours badines,
Quelques amis toujours joyeux,
Peu de vêpres, point de matines,
Une fille, en attendant mieux ;
Voilà comme l'on doit sans cesse
Faire tête au sort irrité ;
Et la véritable sagesse
Est de savoir fuir la tristesse
Dans les bras de la volupté.

VII. A UNE DAME UN PEU MONDAINE ET TROP DÉVOTE,

Tu sortais des bras du sommeil,
Et déja l'œil du jour voyait briller tes charmes,
Lorsque le tendre Amour parut à ton réveil :
Il te baisait les mains, qu'il baignait de ses larmes.
Ingrate, te dit-il, ne te souvient-il plus
Des bienfaits que sur toi l'Amour a répandus ?
J'avais une autre espérance
Lorsque je te donnai ces traits, cette beauté,
Qui, malgré ta sévérité,
Sont l'objet de ta complaisance.
Je t'inspirai toujours du goût pour les plaisirs,
Le soin de plaire au monde, et même des desirs.
Que dis-je ! ces vertus qu'en toi la cour admire,
Ingrate, tu les tiens de moi.

Hélas ! je voulois pour toi
Ramener dans mon empire
La candeur, la bonne foi,
L'inébranlable constance,
Et sur-tout cette bienséance
Qui met l'honneur en sûreté,
Que suivent le mystere et la délicatesse,
Qui rend la moins fiere beauté
Respectable dans sa faiblesse.
Voudrais-tu mépriser tant de dons précieux ?
N'occuperas-tu tes beaux yeux
Qu'à lire Massillon, Bourdaloue, et la Rue?
Ah! sur d'autres objets daigne arrêter ta vue;
Qu'une austere dévotion
De tes sens combattus ne soit plus la maîtresse:
Ton cœur est né pour la tendresse,
C'est ta seule vocation.
La nuit s'avance avec vitesse;
Profite de l'éclat du jour:
Les plaisirs ont leur temps; la sagesse a son tour.
Dans ta jeunesse fais l'amour,
Et ton salut dans ta vieillesse.

Ainsi parlait ce dieu. Déja même en secret
Peut-être de ton cœur il s'alloit rendre maitre;
Mais au bord de ton lit il vit soudain paraître
Le révérend pere Quinquet.
L'Amour, à l'aspect terrible
De son rival théatin,
Te croyant incorrigible,
Las de te prêcher en vain
Et de verser sur toi des larmes inutiles,
Retourna dans Paris, où tout vit sous sa loi,
Tenter des beautés plus faciles,
Mais bien moins aimables que toi.

VIII. A M. le prince EUGENE. (1716.)

Grand prince qui, dans cette cour
Où la justice était éteinte,
Sûtes inspirer de l'amour,
Même en nous donnant de la crainte;
Vous que Rousseau si dignement
A., dit-on, chanté sur sa lyre;
Eugene, je ne sais comment
Je m'y prendrai pour vous écrire.
Oh! que nos Français sont contents
De votre derniere victoire;
Et qu'ils chérissent votre gloire,
Quand ce n'est pas à leurs dépens!
  Poursuivez; des musulmans
  Rompez bientôt la barriere,
  Faites mordre la poussiere
  Aux circoncis insolents;
  Et, plein d'une ardeur guerriere,
  Foulant aux pieds les turbans,
  Achevez cette carriere
  Au serrail des ottomans.
  Des chrétiens et des amants
  Arborez-y la banniere.
Vénus et le dieu des combats
  Vont vous en ouvrir la porte,
Les Graces vous servent d'escorte,
  Et l'Amour vous tend les bras.
  Voyez-vous déja paraitre
  Tout ce peuple de beautés,
  Esclaves des voluptés
  D'un amant qui parle en maître?
  Faites vite du mouchoir
  La faveur impérieuse

A la beauté, la plus heureuse
Qui saura délasser le soir
Votre altesse victorieuse.

Du séminaire des amours
A la France votre patrie,
Daignez envoyer pour secours
Quelques belles de Circassie.
Le saint pere, de son côté,
Attend beaucoup de votre zele,
Et prétend qu'avec charité
Sous le joug de la vérité
Vous rangiez ce peuple infidele.
Par vous mis dans le bon chemin,
On verra bientôt ces infâmes
Ainsi que vous boire du vin,
Et ne plus renfermer leurs femmes.
Adieu, grand prince, heureux guerrier :
Paré de myrte et de laurier,
Allez asservir le Bosphore :
Déja le grand Turc est vaincu ;
Mais vous n'avez rien fait encore
Si vous ne le faites cocu.

IX.   A madame DE ***.   (1716.)

De cet agréable rivage,
Où ces jours passés on vous vit
Faire, hélas ! un trop court voyage,
Je vous envoie un manuscrit
Qui d'un écrivain bel esprit
N'est point assurément l'ouvrage,
Mais qui vous plaira davantage
Que le livre le mieux écrit :
C'est la recette d'un potage.

Je sais que ce dieu que je sers,
Apollon, souvent vous demande,
Votre avis sur ses nouveaux airs ;
Vous êtes connaisseuse en vers,
Mais vous n'êtes pas moins gourmande.
Vous ne pouvez donc trop payer
Cette appétissante recette
Que je viens de vous envoyer.
Ma muse timide et discrete
N'ose encor pour vous s'employer :
Je ne suis pas votre poète,
Mais je suis votre cuisinier.

　Mais, quoi ! le destin, dont la haine
M'accable aujourd'hui de ses coups,
Sera-t-il jamais assez doux
Pour me rassembler avec vous
Entre Comus et Melpomene,
Et que cet hiver me ramene
Versifiant à vos genoux ?

　O des soupers charmante reine,
Fassent les dieux que les Guerbois
Vous donnent perdrix à douzaine,
Poules de Caux, chapons du Maine !
Et pensez à moi quelquefois,
Quand vous mangerez sur la Seine
Des potages à la Brunois.

X. A SAMUEL BERNARD,

au nom de madame de Fontaine-Martel.

C'EST mercredi que je soupai chez vous,
Et que, sortant des plaisirs de la table,
Bientôt couchée, un sommeil prompt et doux
Me fit présent d'un songe délectable.

Je rêvai donc qu'au manoir ténébreux
J'étais tombée, et que Pluton lui-même
Me menait voir les héros bienheureux
Dans un séjour d'une beauté suprême;
Par escadrons ils étaient séparés:
L'un après l'autre il me les fit connaître.
Je vis d'abord modestement parés
Les opulents qui méritaient de l'être:
Voilà, dit-il, les généreux amis;
En petit nombre ils viennent me surprendre;
Entre leurs mains les biens ne semblaient mis
Que pour avoir le soin de les répandre.
Ici sont ceux dont les puissants ressorts,
Crédit immense, et sagesse profonde,
Ont soutenu l'état par des efforts
Qui leur livraient tous les trésors du monde.
Un peu plus loin, sur ces riants gazons,
Sont les héros pleins d'un heureux délire,
Qu'Amour lui-même en toutes les saisons
Fit triompher dans son aimable empire.
Ce beau réduit, par préférence, est fait
Pour les vieillards dont l'humeur gaie et tendre
Paraît encore avoir ses dents de lait,
Dont l'enjouement ne saurait se comprendre.
     D'un seul regard tu peux voir tout d'un coup
Le sort des bons, les vertus couronnées:
Mais un mortel m'embarrasse beaucoup;
Ainsi je veux redoubler ses années:
Chaque escadron le revendiquerait.
La jalousie au repos est funeste:
Venant ici quel trouble il causerait!
Il est là-haut très heureux; qu'il y reste.

XI. A madame DE G***.

Quel triomphe accablant, quelle indigne victoire
Cherchez-vous tristement à remporter sur vous?
Votre esprit éclairé pourra-t-il jamais croire
D'un double testament la chimérique histoire,
Et les songes sacrés de ces mystiques fous
Qui, dévots fainéants, sots et pieux loups-garous,
Quittent de vrais plaisirs pour une fausse gloire
Le plaisir est l'objet, le devoir et le but
  De tous les êtres raisonnables:
  L'amour est fait pour vos semblables;
  Les bégueules font leur salut.

Que sur la volupté tout votre espoir se fonde;
N'écoutez désormais que vos vrais sentiments;
  Songez qu'il était des amants
 Avant qu'il fût des chrétiens dans le monde.

Vous m'avez donc quitté pour votre directeur.
Ah! plus que moi cent fois Gonët est séducteur;
Je vous abusai moins, il est le seul coupable:
  Chloé, s'il vous faut une erreur,
  Choisissez une erreur aimable.

Non, n'abandonnez point des cœurs où vous régnez.
D'un triste préjugé victime déplorable,
Vous croyez servir Dieu, mais vous servez le diable,
  Et c'est lui seul que vous craignez.

La superstition, fille de la faiblesse,
Mere des vains remords, mere de la tristesse,
En vain veut de son souffle infecter vos beaux jours;
Allez, s'il est un dieu, sa tranquille puissance

Ne s'abaissera point à troubler nos amours;
Vos baisers pourraient-ils déplaire à sa clémence?
La loi de la nature est sa premiere loi;
Elle seule autrefois conduisit vos ancêtres:
Elle parle plus haut que la voix de vos prêtres
Poúr vous, pour vos plaisirs, pour l'amour, et pour
    moi.

~~~~~~~~~~~~~~~~~~~~~~~~~~~~~~~~~~

XII. A M. LE DUC D'ORLEANS, RÉGENT. (1717.)

PRINCE chéri des dieux, toi qui sers aujourd'hui
De pere à ton monarque, à son peuple d'appui,
Toi qui de tout l'état portant le poids immense,
Immoles ton repos à celui de la France;
Philippe, ne crois point, dans ces jours ténébreux,
Plaire à tous les Français que tu veux rendre heureux:
Aux princes les plus grands, comme aux plus beaux
    ouvrages,
Dans leur gloire naissante il manque des suffrages.
Eh! qui de sa vertu reçut toujours le prix?
  Il est chez les Français de ces sombres esprits,
Censeurs extravagants d'un sage ministere,
Incapables de tout, à qui rien ne peut plaire:
Dans leurs caprices vains tristement affermis,
Toujours du nouveau maître ils sont les ennemis,
Et n'ayant d'autre emploi que celui de médire,
L'objet le plus auguste irrite leur satire.
Ils voudraient de cet astre éteindre la clarté,
Et se venger sur lui de leur obscurité.
  Ne crains point leur poison: quand tes soins politiques
Auront réglé le cours des affaires publiques,
Quand tu verras nos cœurs, justement enchantés,
Au-devant de tes pas volants de tous côtés,
Les cris de ces frondeurs à leurs chagrins en proie

Ne seront point ouïs parmi nos cris de joie.

Mais dédaigne ainsi qu'eux les serviles flatteurs,
De la gloire d'un prince infâmes corrupteurs;
Que ta mâle vertu méprise et désavoue
Le méchant qui te blâme, et le fat qui te loue.
Toujours indépendant du reste des humains,
Un prince tient sa gloire ou sa honte en ses mains,
Et, quoiqu'on veuille enfin le servir ou lui nuire,
Lui seul peut s'élever, lui seul peut se détruire.

En vain contre Henri la France a vu long-temps
La calomnie affreuse exciter ses serpents,
En vain de ses rivaux les fureurs catholiques
Armerent contre lui des mains apostoliques,
Et plus d'un monacal et servile écrivain
Vendit pour l'outrager sa haine et son venin;
La gloire de Henri par eux n'est point flétrie:
Leurs noms sont détestés; sa memoire est chérie:
Nous admirons encor sa valeur, sa bonté,
Et long-temps dans la France il sera regretté.

Cromwell, d'un joug terrible accablant sa patrie,
Vit bientôt à ses pieds ramper la flatterie;
Ce monstre politique au Parnasse adoré,
Teint du sang de son roi, fut aux dieux comparé;
Mais, malgré le succès de sa prudente audace,
L'univers indigné démentait le Parnasse;
Et de Waller enfin les écrits les plus beaux
D'un illustre tyran n'ont pu faire un héros.

Louis fit sur son trône asseoir la flatterie;
Louis fut encensé jusqu'à l'idolâtrie:
En éloges enfin le Parnasse épuisé
Répete ses vertus sur un ton presque usé;
Et, l'encens à la main, la docte académie
L'endormit cinquante ans par sa monotonie.
Rien ne nous a séduits: en vain eu plus d'un lieu
Cent auteurs indiscrets l'ont traité comme un dieu,
De quelque nom sacré que l'opéra le nomme,

L'équitable Français ne voit en lui qu'un homme:
Pour élever sa gloire on ne nous verra plus
Dégrader les Césars, abaisser les Titus;
Et si d'un crayon vrai quelque main libre et sûre
Nous traçait de Louis la fidele peinture,
Nos yeux trop dessillés pourraient dans ce héros
Avec bien des vertus trouver quelques défauts.

    Prince, ne crois donc point que ces hommes vulgaires
Qui prodiguent aux grands des écrits mercenaires,
Imposant par leurs vers à la postérité,
Soient les dispensateurs de l'immortalité.
Tu peux, sans qu'un auteur te critique ou t'encense,
Jeter les fondements du bonheur de la France;
Et nous verrons un jour l'équitable univers
Peser tes actions sans consulter nos vers.
Je dis plus, un grand prince, un héros, sans l'histoire
Peut même à l'avenir transmettre sa mémoire.

    Taisez-vous, s'il se peut, illustres écrivains,
Inutiles appuis de ces honneurs certains;
Tombez, marbres vivants, que d'un ciseau fidele
Anima sur ses traits la main d'un Praxitele;
Que tous ces monuments soient par-tout renversés:
Il est grand, il est juste; on l'aime: c'est assez.
Mieux que dans nos écrits et mieux que sur le cuivre,
Ce héros dans nos cœurs à jamais doit revivre.

    L'heureux vieillard, en paix dans son lit expirant,
De ce prince à son fils fait l'éloge en pleurant;
Le fils encor tout plein de son regne adorable
Le vante à ses neveux; et ce nom respectable,
Ce nom dont l'univers aime à s'entretenir,
Passe de bouche en bouche aux siecles à venir.

    C'est ainsi qu'on dira chez la race future:
Philippe eut un cœur noble; ami de la droiture,
Politique et sincere, habile et généreux,
Constant quand il fallait rendre un mortel heureux;
Irrésolu, changeant, quand le bien de l'empire

Au malheur d'un sujet le forçait à souscrire ;
Affable avec noblesse, et grand avec bonté,
Il sépara l'orgueil d'avec la majesté ;
Et le dieu des combats, et la docte Minerve,
De leurs présents divins le comblaient sans réserve :
Capable également d'être avec dignité
Et dans l'éclat du trône, et dans l'obscurité :
Voilà ce que de toi mon esprit se présage.
　　O toi de qui ma plume a crayonné l'image,
Toi de qui j'attendais ma gloire et mon appui,
Ne chanterai-je donc que le bonheur d'autrui ?
En peignant ta vertu plaindrai-je ma misere ?
Bienfaisant envers tous, envers moi seul sévere,
D'un exil rigoureux tu m'imposes la loi.
Mais j'ose de toi-même en appeler à toi :
Devant toi je ne veux d'appui que l'innocence ;
J'implore ta justice, et non point ta clémence.
Lis seulement ces vers, et juge de leur prix ;
Vois ce que l'on m'impute, et vois ce que j'écris.
La libre vérité qui regne en mon ouvrage
D'une ame sans reproche est le noble partage ;
Et de tes grands talents le sage estimateur
N'est point de ces couplets l'infâme et vil auteur.
　　Philippe, quelquefois sur une toile antique
Si ton œil pénétrant jette un regard critique,
Par l'injure du temps le portrait effacé
Ne cachera jamais la main qui l'a tracé ;
D'un choix judicieux dispensant la louange.
Tu ne confondras point Vignon et Michel-Ange.
Prince, il en est ainsi chez nous autres rimeurs ;
Et, si tu connaissais mon esprit et mes mœurs,
D'un peuple de rivaux l'adroite calomnie
Me chargerait en vain de leur ignominie ;
Tu les démentirais, et je ne verrais plus
Dans leurs crayons grossiers mes pinceaux confondus ;
Tu plaindrais par leurs cris ma jeunesse opprimée ;

A verser les bienfaits ta main accoutumée
Peut-être de mes maux voudrait me consoler,
Et me protégerait au lieu de m'accabler.

XIII. A M. le prince DE VENDOME,

GRAND PRIEUR DE FRANCE.

Je voulais par quelque huitain,
Sonnet ou lettre familiere,
Réveiller l'enjoûment badin
De votre altesse chansonniere;
Mais ce n'est pas petite affaire
A qui n'a plus l'abbé Courtin
Pour directeur et pour confrere.
 Tout simplement donc je vous dis
Que dans ces jours de Dieu bénis
Où tout moine et tout cagot mange
Harengs saurets et salsifis,
Ma muse qui toujours se range
Dans les bons et sages partis,
Fait avec faisans et perdrix
Son carême au château Saint-Ange.
Au reste, ce château divin,
Ce n'est pas celui du saint pere,
Mais bien celui de Caumartin,
Homme sage, esprit juste et fin,
Que de tout mon cœur je préfere
Au plus grand pontife romain,
Malgré son pouvoir souverain
Et son indulgence pléniere.
 Caumartin porte en son cerveau
De son temps l'histoire vivante;
Caumartin est toujours nouveau
A mon oreille qu'il enchante;

Car dans sa tête sont écrits
Et tous les faits et tous les dits
Des grands hommes, des beaux esprits,
Mille charmantes bagatelles,
Des chansons vieilles et nouvelles,
Et les annales immortelles
Des ridicules de Paris.

   Château Saint-Ange, aimable asyle,
Heureux qui dans ton sein tranquille
D'un carême passe le cours !
Château que jadis les Amours
Bâtirent d'une main habile
Pour un prince qui fut toujours
A leur voix un peu trop docile,
Et dont ils filerent les jours !
Des courtisans fuyant la presse,
C'est chez toi que François premier
Entendait quelquefois la messe,
Et quelquefois par le grenier
Rendait visite à sa maitresse.

   De ce pays les citadins
Disent tous que dans les jardins
On voit encor son ombre fière
Deviser sous des marronniers
Avec Diane de Potiers,
Ou bien la belle Ferroniere.
Moi chétif, cette nuit derniere,
Je l'ai vu couvert de lauriers ;
Car les héros les plus insignes
Se laissent voir très volontiers
A nous faiseurs de vers indignes.
Il ne traînait point après lui
L'or et l'argent de cent provinces,
Superbe et tyrannique appui
De la vanité des grands princes,
Point de ces escadrons nombreux,

De tambours et de hallebardes,
Point de capitaine des gardes,
Ni de courtisans ennuyeux ;
Quelques lauriers sur sa personne,
Deux brins de myrte dans ses mains
Etaient ses atours les plus vains,
Et de v.... quelques grains
Composaient toute sa couronne.
Je sais que vous avez l'honneur,
Me dit-il, d'être des orgies
De certain aimable prieur,
Dont les chansons sont si jolies
Que Marot les retient par cœur,
Et que l'on m'en fait des copies.
Je suis bien aise, en vérité,
De cette honorable accointance ;
Car avec lui, sans vanité,
J'ai quelque peu de ressemblance :
Ainsi que moi Minerve et Mars
L'ont cultivé dès son enfance ;
Il aime comme moi les arts,
Et les beaux vers par préférence ;
Il sait de la dévote engeance
Comme moi faire peu de cas ;
Hors en amour, en tous les cas
Il tient comme moi sa parole ;
Mais enfin, ce qu'il ne sait pas,
Il a, comme moi, la v.....
J'étais encor dans mon été
Quand cette noire déité,
De l'Amour fille dangereuse,
Me fit du fleuve de Léthé
Passer la rive malheureuse.
Plaise aux dieux que votre héros
Pousse plus loin ses destinées,
Et qu'après quelque trente années

Il vienne goûter le repos
Parmi nos ombres fortunées !
 En attendant, si de Caron
Il ne veut remplir la voiture,
Et s'il veut enfin tout de bon
Terminer la grande aventure,
Dites-lui de troquer Chambon
Contre quelque once de mercure.

***

XIV. AU CARDINAL DU BOIS. (1719.)

QUAND, du sommet des Pyrénées
S'élançant au milieu des airs,
La Renommée à l'univers
Annonça ces deux hyménées
Par qui la discorde est aux fers
Et qui changent les destinées,
L'ame de Richelieu descendit à sa voix
Du haut de l'empyrée au sein de sa patrie.
 Ce redoutable génie
 Qui faisoit trembler les rois,
 Celui qui donnait des lois
 A l'Europe assujettie,
 A vu le sage du Bois,
 Et pour la première fois
 A connu la jalousie.
Poursuis; de Richelieu mérite encor l'envie.
 Par des chemins écartés
 Ta sublime intelligence
 A pas toujours concertés
 Conduit le sort de la France;
 La fortune et la prudence
 Sont sans cesse à tes côtés.
Alberon pour un temps nous éblouit la vue;

De ses vastes projets l'orgueilleuse étendue
Occupait l'univers saisi d'étonnement.
Ton génie et le sien disputaient la victoire ;
 Mais tu parus, et sa gloire
 S'éclipsa dans un moment.
 Telle, aux bords du firmament,
 Dans sa course irréguliere,
Une comete affreuse éclate de lumiere :
Ses feux portent la crainte au terrestre séjour ;
 Dans la nuit ils éblouissent,
 Et soudain s'évanouissent
 Aux premiers rayons du jour.

XV. A M. DE LA FALUÉRE DE GENONVILLE,

CONSEILLER AU PARLEMENT ET INTIME AMI DE L'AUTEUR,

sur une maladie. (1719.)

NE me soupçonne point de cette vanité
Qu'a notre ami Chaulieu de parler de lui-même ;
Et laisse-moi jouir de la douceur extrême
 De t'ouvrir avec liberté
 Un cœur qui te plait et qui t'aime.
 De ma muse en mes premiers ans
Tu vis les tendres fruits imprudemment éclore ;
Tu vis la calomnie avec ses noirs serpents
 Des plus beaux jours de mon printemps
 Obscurcir la naissante aurore.
D'une injuste prison je subis la rigueur ;
 Mais au moins de mon malheur
 Je sus tirer quelque avantage ;
J'appris à m'endurcir contre l'adversité,
 Et je me vis un courage
Que je n'attendais pas de la légèreté

Et des erreurs de mon jeune âge.
Dieux, que n'ai-je eu depuis la même fermeté!
Mais à de moindres alarmes
Mon cœur n'a point résisté.
Tu sais combien l'amour m'a fait verser de larmes;
Frippon, tu le sais trop bien,
Toi dont l'amoureuse adresse
M'ôta mon unique bien;
Toi dont la délicatesse,
Par un sentiment fort humain,
Aima mieux ravir ma maîtresse
Que de la tenir de ma main.
Tu me vis sans scrupule en proie à la tristesse:
Mais je t'aimai toujours tout ingrat et vaurien,
Je te pardonnai tout avec un cœur chrétien,
Et ma facilité fit grace à ta faiblesse.
Hélas! pourquoi parler encor de mes amours?
Quelquefois ils ont fait le charme de ma vie;
Aujourd'hui la maladie
En éteint le flambeau peut-être pour toujours;
De mes ans passagers la trame est raccourcie;
Mes organes lassés sont morts pour les plaisirs;
Mon cœur est étonné de se voir sans desirs.
Dans cet état il ne me reste
Qu'un assemblage vain de sentiments confus,
Un présent douloureux, un avenir funeste,
Et l'affreux souvenir d'un bonheur qui n'est plus.
Pour comble de malheur je sens de ma pensée
Se déranger les ressorts;
Mon esprit m'abandonne, et mon ame éclipsée
Perd en moi de son être, et meurt avant mon corps.
Est-ce là ce rayon de l'essence suprême
Qu'on nous peint si lumineux?
Est-ce là cet esprit survivant à lui-même?
Il naît avec nos sens, croît, s'affaiblit comme eux;
Hélas! périra-t-il de même?

3.

Je ne sais ; mais j'ose espérer
Que, de la mort, du temps et des destins le maître,
Dieu conserve pour lui le plus pur de notre être,
Et n'anéantit point ce qu'il daigne éclairer.

~~~~~~

XVI. AU ROI D'ANGLETERRE, GEORGE I,

en lui envoyant la tragédie d'OEdipe. (1719.)

Toi que la France admire autant que l'Angleterre
Qui de l'Europe en feu balances les destins ;
Toi qui chéris la paix dans le sein de la guerre,
  Et qui n'es armé du tonnerre
  Que pour le bonheur des humains ;
  Grand roi, des rives de la Seine
J'ose te présenter ces tragiques essais :
Rien ne t'est étranger ; les fils de Melpomene
  Par-tout deviennent tes sujets.

Un véritable roi sait porter sa puissance
Plus loin que ses états enfermés par les mers :
Tu regnes sur l'Anglais par le droit de naissance ;
  Par tes vertus, sur l'univers.

Daigne donc de ma muse accepter cet hommage
Parmi tant de tributs plus pompeux et plus grands :
  Ce n'est point au roi, c'est au sage,
  C'est au héros, que je le rends.

XVII. A Madame DE GONDRIN,

DEPUIS

Madame la comtesse DE TOULOUSE,

sur le péril qu'elle avait couru en traversant la Loire
(1719.)

Savez-vous, gentille douairière,
Ce que dans Sulli l'on faisait
Lorsqu'Eole vous conduisait
D'une si terrible maniere?
Le malin Périgni riait,
Et pour vous déja préparait
Une épitaphe familière,
Disant qu'on vous repêcherait
Incessamment dans la riviere,
Et qu'alors il observerait
Ce que votre humeur un peu fiere
Sans ce hasard lui cacherait.
Cependant Espar, la Valiere,
Guiche, Sulli, tout soupirait;
Roussi parlait peu, mais jurait ;
Et l'abbé Courtin, qui pleurait
En voyant votre heure dernière,
Adressait à Dieu sa priere,
Et pour vous tout bas murmurait
Quelque oraison de son bréviaire,
Qu'alors, contre son ordinaire,
Dévotement il fredonnait,
Dont à peine il se souvenait,
Et que même il n'entendait guere :
Chacun déja vous regrettait.
Mais quel spectacle j'envisage!

Les Amours qui de tous côtés
S'opposent à l'affreuse rage
Des vents contre vous irrités :
Je les vois ; ils sont à la nage,
Et, plongés jusqu'au cou dans l'eau ,
Ils conduisent votre bateau ,
Et vous voilà sur le rivage.
Gondrin , songez à faire usage
Des jours qu'Amour a conservés :
C'est pour lui qu'il les a sauvés ;
Il a des droits sur son ouvrage.

XVIII.   A madame la maréchale DE VILLARS.

Divinité que le ciel fit pour plaire,
Vous qu'il orna des charmes les plus doux ,
Vous que l'Amour prend toujours pour sa mere ,
Quoiqu'il sait bien que Mars est votre époux ;
Qu'avec regret je me vois loin de vous !
Et quand Sulli quittera ce rivage,
Où je devrais , solitaire et sauvage,
Loin de vos yeux vivre jusqu'au cercueil,
Qu'avec plaisir , peut-être trop peu sage,
J'irai chez vous , sur les bords de l'Arcueil,
Vous adresser mes vœux et mon hommage !
C'est là que je dirai tout ce que vos beautés ·
Inspirent de tendresse à ma muse éperdue :
Les arbres de Villars en seront enchantés ,
        Mais vous n'en serez point émue.
N'importe, c'est assez pour moi de votre vue,
Et je suis trop heureux si jamais l'univers
        Peut apprendre un jour dans mes vers
Combien pour vos amis vous êtes adorable,
Combien vous haïssez les maneges des cours ,

Vos bontés, vos vertus, ce charme inexprimable
Qui, comme dans vos yeux, regne en tous vos discours,
L'avenir quelque jour, en lisant cet ouvrage,
Puisqu'il est fait pour vous, en chérira les traits :
Cet auteur, dira-t-on, qui peignit tant d'attraits,
    N'eut jamais d'eux pour son partage
Que de petits soupers où l'on buvait très frais ;
    Mais il mérita davantage.

XIX. A M. LE DUC DE SULLI. (1720.)

J'IRAI chez vous, duc adorable,
Vous dont le goût, la vérité,
L'esprit, la candeur, la bonté,
Et la douceur inaltérable,
Font respecter la volupté,
Et rendent la sagesse aimable.
Que dans ce champêtre séjour
Je me fais un plaisir extrême
De parler sur la fin du jour
De vers, de musique, et d'amour ;
Et pas un seul mot du système,
De ce système tant vanté,
Par qui nos héros de finance
Emboursent l'argent de la France,
Et le tout par pure bonté !
Pareils à la vieille sibylle
Dont il est parlé dans Virgile,
Qui, possédant pour tout trésor
Des recettes d'énergumene,
Prend du Troyen le rameau d'or,
Et lui rend des feuilles de chêne.
    Peut-être les larmes aux yeux
Je vous apprendrai pour nouvelle

Le trépas de ce vieux goutteux
Qu'anima l'esprit de Chapelle :
L'éternel abbé de Chaulieu
Paraîtra bientôt devant Dieu ;
Et, si d'une muse féconde
Les vers aimables et polis
Sauvent une ame en l'autre monde,
Il ira droit en paradis.
L'autre jour à son agonie
Son curé vint de grand matin
Lui donner en cérémonie,
Avec son huile et son latin,
Un passe-port pour l'autre vie.
Il vit tous ses péchés lavés
D'un petit mot de pénitence,
Et reçut ce que vous savez
Avec beaucoup de bienséance.
    Il fit même un très beau sermon
Qui satisfit tout l'auditoire ;
Tout haut il demanda pardon
D'avoir eu trop de vaine gloire ;
C'était-là, dit-il, le péché
Dont il fut le plus entiché
Car on sait qu'il était poëte,
Et que sur ce point tout auteur,
Ainsi que tout prédicateur,
N'a jamais eu l'ame bien nette.
Il sera pourtant regretté
Comme s'il eût été modeste :
Sa perte au Parnasse est funeste.
Presque seul il était resté
D'un siecle plein de politesse :
On dit qu'aujourd'hui la jeunesse
A fait à la délicatesse
Succéder la grossièreté,
La débauche à la volupté,

Et la vaine et lâche paresse
A cette sage oisiveté
Que l'étude occupait sans cesse,
Loin de l'envieux irrité.
Pour notre petit Genonville,
Si digne du siecle passé
Et des faiseurs de vaudeville,
Il me paraît très empressé
D'abandonner pour vous la ville:.
Le système n'a point gâté
Son esprit aimable et facile ;
Il a toujours le même style
Et toujours la même gaîté.
Je sais que par déloyauté
Le frippon naguere a tâté
De la maîtresse tant jolie
Dont j'étais si fort entêté.
Il rit de cette perfidie,
Et j'aurais pu m'en courroucer ;
Mais je sais qu'il faut se passer
Des bagatelles dans la vie.

XX.   A M. le maréchal DE VILLARS. (1721.)

Je me flattais de l'espérance
D'aller goûter quelque repos
Dans votre maison de plaisance ;
Mais Vinache a ma confiance,
Et j'ai donné la préférence
Sur le plus grand de nos héros
Au plus grand charlatan de France.
Ce discours vous déplaira fort,
Et je confesse que j'ai tort
De parler du soin de ma vie.

A celui qui n'eut d'autre envie
Que de chercher par-tout la mort.
Mais souffrez que je vous réponde,
Sans m'attirer votre courroux,
Que j'ai plus de raison que vous
De vouloir rester dans ce monde :
Car si quelque coup de canon,
Dáns vos beaux jours brillants de gloire,
Vous eût envoyé chez Pluton,
Voyez la consolation
Que vous auriez dans la nuit noire,
Lorsque vous saurez la façon
Dont vous aurait traité l'histoire.
    Paris vous eût premièrement
Fait un service fort célebre·
En présence du parlement ;
Et quelque prélat ignorant
Aurait prononcé hardiment
Une longue oraison funebre
Qu'il n'eût pas faite assurément;
Puis, en vertueux capitaïne,
On vous aurait proprement mis
Dans l'église de Saint-Denis,
Entre du Guésclin et Turenne.
    Mais, si quelque jour moi chétif
J'allais passer le noir esquif,
Je n'aurais qu'une vile biere ;
Deux prêtres s'en iraient gaîmeut
Porter ma figure légere,
Et la loger mesquinement
Dans un recoin du cimetiere :
Mes nieces, au lieu de priere,
Et mon janséniste de frere,
Riraient à mon enterrement ;
Et j'aurais l'honneur seulement
Que quelque muse médisante

M'affublerait, pour monument,
D'une épitaphe impertinente.
Vous voyez donc très clairement
Qu'il est bon que je me conserve
Pour être encor témoin long-temps
De tous les exploits éclatants
Que le seigneur Dieu vous réserve.

XXI. A Madame DE ***.

Il est au monde une aveugle déesse
Dont la police a brisé les autels;
C'est du Hocca la fille enchanteresse
Qui, sous l'appât d'une feinte caresse,
Va séduisant tous les cœurs des mortels.
De cent couleurs bizarrement ornée,
L'argent en main, elle marche la nuit;
Au fond d'un sac elle a la destinée
De ses suivants, que l'intérêt séduit:
Guiche, en riant, par la main la conduit;
La froide crainte et l'espérance avide
A ses côtés marchent d'un pas timide;
Le repentir à chaque instant la suit,
Mordant ses doigts et grondant la perfide.
Belle Philis, que votre aimable cour
A nos regards offre de différence !
Les vrais plaisirs brillent dans ce séjour,
Et, pour jamais bannissant l'espérance,
Toujours vos yeux y font régner l'amour.
Du birihi la déesse infidele
Sur mon esprit n'aura plus de pouvoir;
J'aime encor mieux vous aimer sans espoir
Que d'espérer jour et nuit avec elle.

XXII. A M. DE GERVASI, médecin.

(1723.)

Tu revenais couvert d'une gloire éternelle ;
Le Gévaudan surpris t'avait vu triompher
Des traits contagieux d'une peste cruelle,
　　　Et ta main venait d'étouffer
De cent poisons cachés la semence mortelle :
Dans Maisons cependant je voyais mes beaux jours
Vers leurs derniers moments précipiter leur cours.
Déja près de mon lit la mort inexorable
Avait levé sur moi sa faux épouvantable :
Le vieux nocher des morts à sa voix accourut :
C'en était fait, sa main tranchait ma destinée ;
Mais tu lui dis : Arrête..... et la mort étonnée
Reconnut son vainqueur, frémit, et disparut.
Hélas! si comme moi l'aimable Genonville
Avait de ta présence eu le secours utile,
Il vivrait, et sa vie eût rempli nos souhaits ;
De son cher entretien je goûterais les charmes ;
Mes jours, que je te dois, renaîtraient sans alarmes,
Et mes yeux, qui sans toi se fermaient pour jamais,
Ne se rouvriraient point pour répandre des larmes.
C'est toi du moins, c'est toi, par qui, dans ma douleur,
　　　Je peux jouir de la douceur
　　　De plaire et d'être cher encore
Aux illustres amis dont mon destin m'honore.
Je reverrai Maisons dont les soins bienfaisants
　　　Viennent d'adoucir ma souffrance ;
Maisons en qui l'esprit tient lieu d'expérience,
　　　Et dont j'admire la prudence
　　　Dans l'âge des égarements.
Je me flatte en secret que je pourrai peut-être

Charmer encor Sulli, qui m'a trop oublié.
Mariamne à ses yeux ira bientôt paraître;
Il la verra pour elle implorer sa pitié,
Et ranimer en lui ce goût, cette amitié
        naître.
Que pour moi dans son cœur ma muse avait fait
Beaux jardins de Villars, ombrages toujours frais,
      C'est sous vos feuillages épais
Que je retrouverai ce héros plein de gloire
        Que nous a ramené la paix
        Sur les ailes de la victoire;
C'est là qué Richelieu, par son air enchanteur;
Par ses vivacités, son esprit et ses graces,
Dès qu'il reparaîtra, saura joindre mon cœur
A tant de cœurs soumis qui volent sur ses traces.
Et toi, cher Bolingbroke, héros qui d'Apollon
      As reçu plus d'une couronne,
       Qui réunis en ta personne
       L'éloquence de Cicéron,
       L'intrépidité de Caton,
L'esprit de Mécénas, l'agrément de Pétroné,
Enfin donc je respire, et respire pour toi;
Je pourrai désormais te parler et t'entendre.
Mais, ciel! quel souvenir vient ici me surprendre!
Cette aimable beauté qui m'a donné sa foi,
Qui m'a juré toujours une amitié si tendre,
Daignera-t-elle encor jeter les yeux sur moi?
Hélas! en descendant sur le sombre rivage
Dans mon cœur expirant je portais son image;
Son amour, ses vertus, ses graces, ses appas,
Les plaisirs que cent fois j'ai goûtés dans ses bras,
A ces derniers moments flattaient encor mon ame;
Je brûlais, en mourant, d'une immortelle flamme.
Grands Dieux! me faudra-t-il regretter le trépas?
M'aurait-elle oublié? serait-elle volage?
Que dis-je, malheureux! où vais-je m'engager?

Quand on porte sur le visage
D'un mal si redouté le fatal témoignage,
Est-ce à l'amour qu'il faut songer?

~~~~~~

XXIII. A LA REINE,

en lui présentant la tragédie de Mariamne. (1725.)

FILLE de ce guerrier qu'une sage province
Eleva justement au comble des honneurs,
Qui sut vivre en héros, en philosophe, en prince,
Au-dessus des revers, au-dessus des grandeurs;
Du ciel qui vous chérit la sagesse profonde
Vous amene aujourd'hui dans l'empire françois
Pour y servir d'exemple et pour donner des lois.
La fortune souvent fait les maîtres du monde;
Mais dans votre maison la vertu fait les rois.
Du trône redouté, que vous rendez aimable,
Jetez sur cet écrit un coup-d'œil favorable;
Daignez m'encourager d'un seul de vos regards;
Et songez que Pallas, cette auguste déesse
Dont vous avez le port, la bonté, la sagesse,
Est la divinité qui préside aux beaux arts.

~~~~~~

XXIV. A M. PALLU,

CONSEILLER D'ÉTAT.

QUOI! le Dieu de la poésie
Vous illumine de ses traits!
Malgré la robe, les procès,
Et le conseil, et ses arrêts,
Vous tàtez de notre ambrosie!

Ah ! bien fort je vous remercie
De vous livrer à ses attraits
Et d'être de la confrérie.
Dans les beaux jours de vôtre vie,
Adoré de maintes beautés,
Vous aimiez Lubert et Silvie ;
Mais à présent vous les chantez,
Et votre gloire est accomplie.
La Fare, joufflu comme vous,
Comme vous rival de Tibulle,
Rima des vers polis et doux,
Aima long-temps sans ridicule,
Et fut sage au milieu des fous.
En vous c'est le même art qui brille :
Pallu comme la Fare écrit ;
Vous recueillîtes son esprit
Dessus les levres de sa fille.
Aimez donc, rimez tour à tour :
Vous, la Fare, Apollon, l'Amour,
Vous êtes de même famille.

XXV. A Mademoiselle LE COUVREUR.

L'HEUREUX talent dont vous charmez la France
Avait en vous brillé dès votre enfance ;
Il fut dès lors dangereux de vous voir,
Et vous plaisiez même sans le savoir.
Sur le théâtre heureusement conduite,
Parmi les vœux de cent cœurs empressés,
Vous récitiez, par la nature instruite :
C'était beaucoup, ce n'était point assez ;
Il vous fallut encore un plus grand maître.
Permettez-moi de faire ici connaître
Quel est ce Dieu de qui l'air enchanteur

Vous a donné votre gloire suprême :
Le tendre Amour me l'a conté lui-même ;
On me dira que l'Amour est menteur:
Hélas! je sais qu'il faut qu'on s'en défie;
Qui mieux que moi connaît sa perfidie?
Qui souffre plus de sa déloyauté?
Je ne croirai cet enfant de ma vie ;
Mais cette fois il a dit vérité.
Ce même Amour, Vénus, et Melpomene,
Loin de Paris faisaient voyage un jour ;
Ces Dieux charmants vinrent dans ce séjour
Où vos appas éclataient sur la scene ;
Chacun des trois avec étonnement
Vit cette grace et simple et naturelle,
Qui faisait lors votre unique ornement:
Ah ! dirent-ils, cette jeune mortelle
Mérite bien que sans retardement
Nous répandions tous nos trésors sur elle.
Ce qu'un Dieu veut se fait dans le moment.
Tout aussitôt la tragique déesse
Vous inspira le goût, le sentiment,
Le pathétique, et la délicatesse:
Moi, dit Vénus, je lui fais un présent
Plus précieux, et c'est le don de plaire ;
Elle accroîtra l'empire de Cythere,
A son aspect tout cœur sera troublé,
Tous les esprits viendront lui rendre hommage;
Moi, dit l'Amour, je ferai davantage,
Je veux qu'elle aime. A peine eut-il parlé
Que dans l'instant vous devîntes parfaite;
Sans aucuns soins, sans étude, sans fard,
Des passions vous fûtes l'interprete:
O de l'Amour adorable sujette,
N'oubliez point le secret de votre art.

XXVI. A M. PALLU.

A Plombieres, auguste 1729.

Du fond de cet antre pierreux,
Entre deux montagnes cornues,
Sous un ciel noir et pluvieux
Où les tonnerres orageux
Sont portés sur d'épaisses nues,
Près d'un bain chaud, toujours crotté,
Plein d'une eau qui fume et bouillonne,
Où tout malade empaqueté,
Et tout hypocondre entêté
Qui sur son mal toujours raisonne,
Se baigne, s'enfume, et se donne
La question pour la santé;
Où l'espoir ne quitte personne:
    De cet antre où je vois venir
D'impotentes sempiternelles
Qui toutes pensent rajeunir;
Un petit nombre de pucelles,
Mais un beaucoup plus grand de celles
Qui voudraient le redevenir;
Où par le coche on nous amene
De vieux citadins de Nanci,
Et des moines de Commerci,
Avec l'attribut de Lorraine,
Que nous rapporterons d'ici:
    De ces lieux, où l'ennui foisonne,
J'ose encore écrire à Paris.
Malgré Phébus, qui m'abandonne,
J'invoque l'Amour et les Ris:
Ils connaissent peu ma personne;

Mais c'est à Pallu que j'écris ;
Alcibiade me l'ordonne,
Alcibiade qu'à la cour
Nous vîmes briller tour à tour
Par ses graces, par son courage,
Gai, généreux, tendre, volage,-
Et séducteur comme l'Amour,
Dont il fut la brillante image.

L'Amour ou le Temps l'a défait
Du beau vice d'être infidèle ;
Il prétend d'un amant parfait
Etre devenu le modele.

J'ignore quel objet charmant
A produit ce grand changement
Et fait sa conquête nouvelle ;
Mais, qui que vous soyez, la belle,
Je vous en fais mon compliment.

On pourrait bien à l'aventure
Choisir un autre greluchon,
Plus Alcide pour la figure,
Et pour le cœur plus Céladon ;
Mais quelqu'un plus aimable? non ;
Il n'en est point dans la nature :
Car, madame, où trouvera-t-ou
D'un ami la discrétion,
D'un vieux seigneur là politesse,
Avec l'imagination
Et les graces de la jeunesse ;
Un tour de conversation,
Sans empressement, sans paresse,
Et l'esprit monté sur le ton
Qui plaît à gens de toute espece?
Et n'est-ce rien d'avoir tâté
Trois ans de la formalité
Dont on assomme une ambassade,
Sans nous avoir rien rapporté

De la pesante gravité
Dont cent ministres font parade?
A ce portrait si peu flatté
Qui ne voit mon Alcibiade?

XXVII. Aux manes de M. DE GENONVILLE.

(1729.)

Toi que le ciel jaloux ravit dans son printemps,
Toi de qui je conserve un souvenir fidele
    Vainqueur de la mort et du temps,
    Toi dont la perte, après dix ans,
    M'est encore affreuse et nouvelle;
Si tout n'est pas détruit, si sur les sombres bords
Ce souffle si caché, cette faible étincelle,
Cet esprit, le moteur et l'esclave du corps,
Ce je ne sais quel sens qu'on nomme ame immortelle,
Reste inconnu de nous, est vivant chez les morts;
S'il est vrai que tu sois, et si tu peux m'entendre,
O mon cher Genonville, avec plaisir reçoi
Ces vers et ces soupirs que je donne à ta cendre,
Monument d'un amour immortel comme toi.
Il te souvient du temps où l'aimable Egérie,
    Dans les beaux jours de notre vie,
Ecoutait nos chansons, partageait nos ardeurs.
Nous nous aimions tous trois; la raison, la folie,
L'amour, l'enchantement des plus tendres erreurs,
    Tout réunissait nos trois cœurs.
Que nous étions heureux! même cette indigence,
    Triste compagne des beaux jours,
Ne put de notre joie empoisonner le cours.
Jeunes, gais, satisfaits, sans soins, sans prévoyance,
Aux douceurs du présent bornant tous nos desirs,
Quel besoin avions-nous d'une vaine abondance?

Nous possédions bien mieux, nous avions les plaisirs!
Ces plaisirs, ces beaux jours coulés dans la mollesse,
Ces ris, enfants de l'alégresse,
Sont passés avec toi dans là nuit du trépas.
Le ciel, en récompense, accorde à ta maîtresse
Des grandeurs et de la richesse,
Appuis de l'âge mûr, éclatant embarras,
Faible soulagement quand on perd sa jeunesse.
La fortune est chez elle où fut jadis l'amour.
Les plaisirs ont leur temps; la sagesse a son tour.
L'amour s'est envolé sur l'aile du bel âge;
Mais jamais l'amitié ne fuit du cœur du sage.
Nous chantons quelquefois et tes vers et les miens;
De ton aimable esprit nous célébrons les charmes;
Ton nom se mêle encore à tous nos entretiens;
Nous lisons tes écrits, nous les baignons de larmes:
Loin de nous à jamais ces mortels endurcis,
Indignes du beau nom, du nom sacré d'amis,
Ou toujours remplis d'eux, ou toujours hors d'eux
même,
Au monde, à l'inconstance ardents à se livrer,
Malheureux, dont le cœur ne sait pas comme on aime,
Et qui n'ont point connu la douceur de pleurer!

XXVIII. A Madame DE G***.

Epître connue sous le nom des Vous et des Tu.

Philis, qu'est devenu ce temps
Où dans un fiacre promenée,
Sans laquais, sans ajustements,
De tes graces seules ornée,
Contente d'un mauvais soupé
Que tu changeais en ambrosie,

Tu te livrais dans ta folie
A l'amant heureux et trompé
Qui t'avait consacré sa vie?
Le ciel ne te donnait alors,
Pour tout rang et pour tous trésors,
Que les agréments de ton âge,
Un cœur tendre, un esprit volage,
Un sein d'albâtre et de beaux yeux.
Avec tant d'attraits précieux,
Hélas! qui n'eût été fripponne?
Tu le fus, objet gracieux!
Et que l'amour me le pardonne!
Tu sais que je t'en aimais mieux.

    Ah, madame! que votre vie,
D'honneurs aujourd'hui si remplie,
Diffère de ces doux instants!
Ce large Suisse à cheveux blancs
Qui ment sans cesse à votre porte,
Philis, est l'image du Temps:
On dirait qu'il chasse l'escorte
Des tendres Amours et des Ris;
Sous vos magnifiques lambris
Ces enfants tremblent de paraître.
Hélas! je les ai vus jadis
Entrer chez toi par la fenêtre,
Et se jouer dans ton tandis.

    Non, madame, tous ces tapis
Qu'a tissus la Savonnerie,
Ceux que les Persans ont ourdis,
Et toute votre orfèvrerie,
Et ces plats si chers que Germain
A gravés de sa main divine;
Et ces cabinets où Martin
A surpassé l'art de la Chine;
Vos vases japonais et blancs,
Toutes ces fragiles merveilles;

Ces deux lustres de diamants
Qui pendent à vos deux oreilles;
Ces riches carcans, ces colliers,
Et cette pompe enchanteresse,
Ne valent pas un des baisers
Que tu donnais dans ta jeunesse.

XXIX. A Mademoiselle DE LUBERT,

qu'on appelait Muse et Grace. (1732.)

Le curé qui vous baptisa
Du beau surnom de *Muse* et *Grace*,
Sur vous un peu prophétisa;
Il prévit que sur votre trace
Croîtrait le laurier du Parnasse
Dont la Suze se couronna,
Et le myrte qu'elle porta,
Quand, d'amour suivant la Déesse,
Les tendres feux elle mêla
Aux froides ondes du Permesse.
Mais en un point il se trompa;
Car jamais il ne devina
Qu'étant si belle elle sera
Ce que les sots appellent sage,
Et qu'à vingt ans et par de là
Muse et Grace conservera
La tendre fleur du pucelage,
Fleur délicate qui tomba
Toujours au printemps du bel âge,
Et que le ciel fit pour cela.
Quoi, vous en êtes encor là!
Muse et Grace, que c'est dommage!
Vous me répondez doucement

Que les neuf bégueules savantes,
Toujours chantant, toujours rimant,
Toujours les yeux au firmament,
Avec leurs têtes de pédantes,
Avaient peu de tempérament;
Et que leurs bouches éloquentes
S'ouvraient pour brailler seulement,
Et non pour mettre tendrement
Deux levres fraîches et charmantes
Sur les levres appétissantes
De quelque vigoureux amant.
Je veux croire chrétiennement
Ces histoires impertinentes;
Mais, ma chere Lubert, en cas
Que ces filles sempiternelles
Conservent pour ces doux ébats
Des aversions si fideles,
Si ces Déesses sont cruelles,
Si jamais amant dans ses bras
N'a froissé leurs gauches appas,
Si les neuf Muses sont pucelles,
Les trois Graces ne le sont pas.

Quittez donc votre faible excuse;
Vos jours languissent consumés
Dans l'abstinence qui les use:
Un faux préjugé vous abuse.
Chantez, et, s'il le faut, rimez;
Ayez tout l'esprit d'une Muse:
Mais, si vous êtes Grace, aimez.

XXX. A une dame ou soi-disant telle.

(1732.)

Tu commences par me louer,
    Tu veux finir par me connaître.
Tu me loûras bien moins ; mais il faut t'avouer
    Ce que je suis, ce que je voudrais être.
J'aurai vu dans trois ans passer quarante hivers ;
Apollon présidait au jour qui m'a vu naître ;
Au sortir du berceau j'ai bégayé des vers ;
Bientôt ce dieu puissant m'ouvrit son sanctuaire ;
Mon cœur, vaincu par lui, se rangea sous sa loi.
D'autres ont fait des vers par le desir d'en faire ;
    Je fus poëte malgré moi.
Tous les goûts à la fois sont entrés dans mon ame ;
Tout art a mon hommage, et tout plaisir m'enflamme:
La peinture me charme ; on me voit quelquefois,
Au palais de Philippe, ou dans celui des rois,
Sous les efforts de l'art admirer la nature,
Du brillant Cagliari saisir l'esprit divin,
Et dévorer des yeux la touche noble et sûre
    De Raphaël et du Poussin.
De ces appartements qu'anime la peinture
Sur les pas du plaisir je vole à l'opéra.
    J'applaudis tout ce qui me touche,
    La fertilité de Campra,
La gaîté de Mouret, les graces de Destouche:
Pélissier par son art, le Maure par sa voix,
Tour à tour ont mes vœux et suspendent mon choix.
Quelquefois, embrassant la science hardie
    Que la curiosité
    Honora par vanité
    Du nom de philosophie,

Je cours après Newton dans l'abyme des cieux;
Je veux voir si des nuits la courriere inégale,
Par le pouvoir changeant d'une force centrale,
En gravitant vers nous s'approche de nos yeux,
Et pese d'autant plus qu'elle est près de ces lieux
   Dans les limites d'un ovale.
J'en entends raisonner les plus profonds esprits,
Maupertuis et Clairault, calculante cabale;
Je les vois qui des cieux franchissent l'intervalle,
Et je vois trop souvent que j'ai très peu compris.
De ces obscurités je passe à la morale;
Je lis au cœur de l'homme, et souvent j'en rougis;
J'examine avec soin les informes écrits,
Les monuments épars, et le style énergique
De ce fameux Pascal, ce dévot satirique;
Je vois ce rare esprit trop prompt à s'enflammer;
   Je combats ses rigueurs extrêmes:
Il enseigne aux humains à se hair eux-mêmes;
Je voudrais, malgré lui, leur apprendre à s'aimer.
Ainsi mes jours égaux, que les Muses remplissent,
Sans soins, sans passions, sans préjugés fâcheux,
Commencent avec joie, et vivement finissent
   Par des soupers délicieux.
L'amour dans mes plaisirs ne mêle plus ses peines;
La tardive raison vient de briser mes chaînes:
J'ai quitté prudemment ce dieu qui m'a quitté;
J'ai passé l'heureux temps fait pour la volupté.
Est-il donc vrai, grands Dieux, il ne faut plus que
   j'aime?
La foule des beaux arts, dont je veux tour à tour
   Remplir le vide de moi-même,
N'est pas encore assez pour remplacer l'amour.

XXXI. A Madame DE FONTAINE-MARTEL.

(1732.)

O très singuliere Martel,
J'ai pour vous estime profonde;
C'est dans votre petit hôtel,
C'est sur vos soupers que je fonde
Mon plaisir, le seul bien réel
Qu'un honnête homme ait en ce monde.
Il est vrai qu'un peu je vous gronde;
Mais, malgré cette liberté,
Mon cœur vous trouve, en vérité,
Femme à peu de femmes seconde;
Car sous vos cornettes de nuit,
Sans préjugés et sans faiblesse,
Vous logez esprit qui séduit,
Et qui tient fort à la sagesse.
Or votre sagesse n'est pas
Cette pointilleuse harpie
Qui raisonne sur tous les cas,
Et qui, triste sœur de l'Envie,
Ouvrant un gosier édenté,
Contre la tendre volupté
Toujours prêche, argumente et crie;
Mais celle qui si doucement,
Sans efforts et sans industrie,
Se bornant toute au sentiment,
Sait jusques au dernier moment
Répandre un charme sur la vie.
Voyez-vous pas de tous côtés
De très décrépites beautés,
Pleurant de n'être plus aimables,
Dans leur besoin de passion

Ne pouvant rester raisonnables,
S'affoller de dévotion,
Et rechercher l'ambition
D'être bégueules respectables?
Bien loin de cette triste erreur,
Vous avez, au lieu de vigiles,
Des soupers longs, gais et tranquilles;
Des vers aimables et faciles,
Au lieu des fatras inutiles
De Quesnel et de le Tourneur ;
Voltaire, au lieu d'un directeur;
Et, pour mieux chasser toute angoisse,
Au curé préférant Campra,
Vous avez loge à l'opéra
Au lieu de banc dans la paroisse:
Et ce qui rend mon sort plus doux,
C'est que ma maîtresse, chez vous,
La liberté, se voit logée;
Cette liberté mitigée,
A l'œil ouvert, au front serein,
A la démarche dégagée,
N'étant ni prude, ni catin,
Décente, et jamais arrangée;
Souriant d'un souris badin
A ces paroles chatouilleuses
Qui font baisser un œil malin
A mesdames les précieuses.
C'est là qu'on trouve la gaîté,
Cette sœur de la liberté,
Jamais aigre dans la satire,
Toujours vive dans les bons mots,
Se moquant quelquefois des sots,
Et très souvent, mais à propos,
Permettant au sage de rire.
Que le ciel bénisse le cours
D'un sort aussi doux que le vôtre!

Martel, l'automne de vos jours
Vaut mieux que le printemps d'une autre.

~~~~~~

XXXII. A MM. le comte, le chevalier, et l'abbé DE SADE. (1732.)

Trio charmant que je remarque
Entre ceux qui font mon appui,
Trio par qui Laure aujourd'hui
Revient de la fatale barque;
Vous qui pensez mieux que Pétrarque,
Et rimez aussi bien que lui,
Je ne puis quitter mon étui
Pour le souper où l'on m'embarque;
Car la cousine de la Parque,
La fievre au minois catarreux,
A l'air hagard, au cerveau creux,
A la marche vive, inégale,
De mes jours compagne infernale,
M'oblige, pauvre vaporeux,
D'avaler les juleps affreux
Dont monsieur Geoffroi me régale;
Tandis que d'un gosier heureux
Vous buvez la liqueur vitale
D'un vin brillant et savoureux.

~~~~~~

XXXIII. A Mme la marquise DU CHATELET, sur sa liaison avec MAUPERTUIS.

Ainsi donc cent beautés nouvelles
Vont fixer vos brillants esprits
Vous renoncez aux étincelles,

Aux feux follets de mes écrits
Pour des lumieres immortelles ;
Et le sublime Maupertuis
Vient éclipser mes bagatelles.
Je n'en suis fâché ni surpris ;
Un esprit vrai doit être épris
Pour des vérités éternelles :
Mais ces vérités que sont-elles?
Quel est leur usagé et leur prix?
Du vrai savant que je chéris
La raison ferme et lumineuse
Vous montrera les cieux décrits,
Et d'une main audacieuse
Vous dévoilera les replis
De la nature ténébreuse ;
Mais, sans le secret d'être heureuse,
Il ne vous aura rien appris.

XXXIV. A M. DE FORMONT,

en lui renvoyant les œuvres de Descartes et de
Mallebranche.

Rimeur charmant, plein de raison,
Philosophe entouré des Graces,
Epicure, avec Apollon,
S'empresse à marcher sur vos traces.
Je renonce au fatras obscur
Du grand rêveur de l'oratoire,
Qui croit parler de l'esprit pur,
Ou qui veut nous le faire accroire,
Nous disant qu'on peut à coup sûr
Entretenir Dieu dans sa gloire.
Ma raison n'a pas plus de foi
Pour René le visionnaire;

Songeur de la nouvelle loi,
Il éblouit plus qu'il n'éclaire ;
Dans une épaisse obscurité
Il fait briller des étincelles ;
Il a gravement débité
Un tas brillant d'erreurs nouvelles
Pour mettre à la place de celles
De la bavarde antiquité.
Dans sa cervelle trop féconde
Il prend d'un air fort important
Des dés pour arranger le monde ;
Bridoye en aurait fait autant.

    Adieu. Je vais chez ma Sylvie :
Un esprit fait comme le mien
Goûte bien mieux son entretien
Qu'un roman de philosophie.
De ses attraits toujours frappé,
Je ne la crois pas trop fidele ;
Mais puisqu'il faut être trompé,
Je ne veux l'être que par elle.

XXXV. A Mme LA MARQUISE DU CHATELET,

sur la Calomnie.

Ecoutez-moi, respectable Emilie :
Vous êtes belle ; ainsi donc la moitié
Du genre humain sera votre ennemie :
Vous possédez un sublime génie ;
On vous craindra : votre tendre amitié
Est confiante ; et vous serez trahie :
Votre vertu, dans sa démarche unie,
Simple et sans fard, n'a point sacrifié
A nos dévots ; craignez la calomnie :
Attendez-vous, s'il vous plait, dans la vie

Aux traits malins que tout fat à la cour
Par passe-temps souffre et rend tour à tour.
La Médisance est la fille immortelle
De l'Amour-propre et de l'Oisiveté.
Ce monstre ailé parait mâle et femelle,
Toujours parlant, et toujours écouté.
Amusement et fléau de ce monde,
Elle y préside, et sa vertu féconde
Du plus stupide échauffe les propos :
Rebut du sage, elle est l'esprit des sots ;
En ricanant cette maigre furie
Va de sa langue épandre les venins
Sur tous états. Mais trois sortes d'humains,
Plus que le reste aliments de l'envie,
Sont exposés à sa dent de harpie ;
Les beaux esprits, les belles, et les grands,
Sont de ses traits les objets différents.
Quiconque en France avec éclat attire
L'œil du public est sûr de la satire :
Un bon couplet, chez ce peuple falot,
De tout mérite est l'infaillible lot.
   La jeune Eglé, de pompons couronnée,
Devant un prêtre à minuit amenée,
Va dire un oui d'un air tout ingénu
A son mari qu'elle n'a jamais vu ;
Le lendemain en triomphe on la mene
Au cours, au bal, chez Bourbon, chez la reine ;
Le lendemain, sans trop savoir comment,
Dans tout Paris on lui donne un amant ;
Roi la chansonne, et son nom par la ville
Court ajusté sur l'air d'un vaudeville :
Eglé s'en meurt ; ses cris sont superflus.
Consolez-vous, Eglé, d'un tel outrage,
Vous pleurerez, hélas ! bien davantage
Lorsque de vous on ne parlera plus.
   Et nommez-moi la beauté, je vous prie,

De qui l'honneur fut toujours à couvert,
Lisez-moi Bayle à l'article Schomberg ;
Vous y verrez que la Vierge Marie
Des chansonniers comme une autre a souffert.
Jérusalem a connu la satire.
Persans, Chinois, baptisés, circoncis,
Prennent ses lois ; la terre est son empire ;
Mais, croyez-moi, son trône est à Paris.
Là, tous les soirs, la troupe vagabonde
D'un peuple oisif, appelé le beau monde,
Va promener de réduit en réduit
L'inquiétude et l'ennui qui la suit.
Là sont en foule antiques mijaurées,
Jeunes oisons, et bégueules titrées,
Disant des riens d'un ton de perroquet,
Lorgnant des sots, et trichant au piquet.
Blondins y sont, beaucoup plus femmes qu'elles,
Profondément remplis de bagatelles,
D'un air hautain, d'une bruyante voix
Chantant, dansant, minaudant à la fois.
Si par hasard quelque personne honnête,
D'un sens plus droit et d'un goût plus heureux,
Des bons écrits ayant meublé sa tête,
Leur fait l'affront de penser à leurs yeux ;
Tout aussitôt leur brillante cohue,
D'étonnement et de colere émue,
Bruyant essaim de frélons envieux,
Pique et poursuit cette abeille charmante
Qui leur apporte, hélas ! trop imprudente,
Ce miel si pur et si peu fait pour eux.
    Quant aux héros, aux princes, aux ministres,
Sujets usés de nos discours sinistres,
Qu'on m'en nomme un dans Rome et dans Paris,
Depuis César jusqu'au jeune Louis,
De Richelieu jusqu'à l'ami d'Auguste,
Dont un Pasquin n'ait barbouillé le buste.

Ce grand Colbert, dont les soins vigilants
Nous avaient plus enrichis en dix ans
Que les mignons, les catins, et les prêtres
N'ont en mille ans appauvri nos ancêtres,
Cet homme unique, et l'auteur et l'appui
D'une grandeur où nous n'osions prétendre,
Vit tout l'état murmurer contre lui ;
Et le Français osa troubler la cendre
Du bienfaiteur qu'il révere aujourd'hui.

Lorsque Louis, qui d'un esprit si ferme
Brava la mort comme ses ennemis,
De ses grandeurs ayant subi le terme,
Vers sa chapelle allait à Saint-Denis,
J'ai vu son peuple, aux nouveautés en proie,
Ivre de vin, de folie et de joie,
De cent couplets égayant le convoi,
Jusqu'au tombeau maudire encor son roi.

Vous avez tous connu, comme je pense,
Ce bon régent qui gâta tout en France:
Il était né pour la société,
Pour les beaux arts, et pour la volupté ;
Grand, mais facile, ingénieux, affable,
Peu scrupuleux, mais de crime incapable
Et cependant, ô mensonge ! ô noirceur !
Nous avons vu la ville et les provinces
Au plus aimable, au plus clément des princes,
Donner les noms..... Quelle absurde fureur !
Chacun les lit ces archives d'horreur,
Ces vers impurs, appelés Philippiques,
De l'imposture effroyables chroniques;
Et nul Français n'est assez généreux
Pour s'élever, pour déposer contre eux.

Que le mensonge un instant vous outrage,
Tout est en feu soudain pour l'appuyer;
La vérité perce enfin le nuage,
Tout est de glace à vous justifier.

Mais voulez-vous, après ce grand exemple,
Baisser les yeux sur de moindres objets?
Des souverains descendons aux sujets:
Des beaux esprits ouvrons ici le temple,
Temple autrefois l'objet de mes souhaits,
Que de si loin Desfontaines contemple,
Et que Gacon ne visita jamais.
Entrons : d'abord on voit la Jalousie,
Du Dieu des vers la fille et l'ennemie,
Qui, sous les traits de l'Émulation,
Souffle l'orgueil, et porte sa furie
Chez tous ces fous courtisans d'Apollon.
Voyez leur troupe inquiete, affamée,
Se déchirant pour un peu de fumée,
Et l'un sur l'autre épanchant plus de fiel
Que l'implacable et mordant janséniste
N'en a lancé sur le fin moliniste,
Ou que Doucin, cet adroit casuiste,
N'en a versé dessus Pasquier-Quesnel.
Ce vieux rimeur, couvert d'ignominies,
Organe impur de tant de calomnies,
Cet ennemi du public outragé,
Puni sans cesse et jamais corrigé,
Ce vil Rufus que jadis votre pere
A par pitié tiré de la misere,
Et qui bientôt, serpent envenimé,
Piqua le sein qui l'avait ranimé;
Lui qui, mêlant la rage à l'impudence,
Devant Thémis accusa l'innocence;
L'affreux Rufus, loin de cacher en paix
Des jours tissus de honte et de forfaits,
Vient rallumer aux marais de Bruxelles
D'un feu mourant les pâles étincelles,
Et contre moi croit rejeter l'affront
De l'infamie écrite sur son front.
Et que feront tous les traits satiriques

Que d'un bras faible il décoche aujourd'hui,
Et ces ramas de larcins marotiques,
Moitié français et moitié germaniques,
Pétris d'erreur, et de haine, et d'ennui?
Quel est le but, l'effet, la récompense
De ces recueils d'impure médisance?
Le malheureux, délaissé des humains,
Meurt des poisons qu'ont préparés ses mains.

Ne craignons rien de qui cherche à médire.
En vain Boileau, dans ses sévérités,
A de Quinault dénigré les beautés;
L'heureux Quinault, vainqueur de la satire,
Rit de sa haine et marche à ses côtés.

Moi-même enfin, qu'une cabale inique
Voulut noircir de son souffle caustique,
Je sais jouir, en dépit des cagots,
De quelque gloire et même du repos.

Voici le point sur lequel je me fonde:
On entre en guerre en entrant dans le monde.
Homme privé, vous avez vos jaloux,
Rampants dans l'ombre, inconnus comme vous,
Obscurément tourmentant votre vie:
Homme public, c'est la publique envie
Qui contre vous leve son front altier.
Le coq jaloux se bat sur son fumier,
L'aigle dans l'air, le taureau dans la plaine;
Tel est l'état de la nature humaine.
La jalousie et tous ses noirs enfants
Sont au théâtre, au conclave, aux couvents.
Montez au ciel, trois déesses rivales
Troublent le ciel, qui rit de leurs scandales.
Que faire donc? à quel saint recourir?
Je n'en sais point: il faut savoir souffrir.

XXXVI. A Monsieur ***,

du camp de Philisbourg, le 3 juillet 1734.

C'est ici que l'on dort sans lit,
Et qu'on prend ses repas par terre.
Je vois et j'entends l'atmosphere
Qui s'embrase et qui retentit
De cent décharges de tonnerre;
Et, dans ces horreurs de la guerre,
Le Français chante, boit et rit.
Bellone va réduire en cendres
Les courtines de Philisbourg
Par cinquante mille Alexandres
Payés à quatre sous par jour:
Je les vois, prodiguant leur vie,
Chercher ces combats meurtriers,
Couverts de fange et de lauriers,
Et pleins d'honneur et de folie;
Je vois briller au milieu d'eux
Ce fantôme nommé la gloire,
A l'œil superbe, au front poudreux,
Portant au cou cravate noire,
Ayant sa trompette en sa main,
Sonnant la charge et la victoire,
Et chantant quelques airs à boire
Dont ils répetent le refrain.
    O nation brillante et vaine!
Illustres fous, peuple charmant,
Que la gloire à son char enchaine,
Il est beau d'affronter gaîment
Le trépas et le prince Eugene:
Mais hélas! quel sera le prix

De vos héroïques prouesses? »
Vous serez cocus dans Paris
Par vos femmes et vos maîtresses.

~~~~~~

XXXVII. A Mademoiselle DE GUISE,

sur son mariage avec M. le duc de Richelieu. (1734.)

Un prêtre, un oui, trois mots latins
A jamais fixent vos destins,
Et le célébrant d'un village
Dans la chapelle de Montjeu
Très chrétiennement vous engage
A coucher avec Richelieu,
Avec Richelieu, ce volage
Qui va jurer par ce saint nœud
D'être toujours fidele et sage.
Nous nous en défions un peu ;
Et vos grands yeux noirs, pleins de feu,
Nous rassurent bien davantage
Que les serments qu'il fait à Dieu.
  Mais vous, madame la duchesse,
Quand vous reviendrez à Paris,
Songez-vous combien de maris
Viendront se plaindre à votre altesse ?
Ces nombreux cocus qu'il a faits
Ont mis en vous leur espérance :
Ils diront, voyant vos attraits,
Dieux, quel plaisir que la vengeance !
Vous sentez bien qu'ils ont raison,
Et qu'il faut punir le coupable :
L'heureuse loi du talion
Est des lois la plus équitable.
Quoi! votre cœur n'est point rendu?

Votre sévérité me gronde!
Ah! quelle espece de vertu
Qui fait enrager tout le monde!
Faut-il donc que de vos appas
Richelieu soit l'unique maître?
Est-il dit qu'il ne sera pas
Ce qu'il a tant mérité d'être?
Soyez donc sage, s'il le faut,
Que ce soit là votre chimere;
Avec tous les talents de plaire
Il faut bien avoir un défaut.
Dans cet emploi noble et pénible
De garder ce qu'on nomme honneur,
Je vous souhaite un vrai bonheur;
Mais voilà la chose impossible.

XXXVIII. A M. LE COMTE DE TRESSAN. (1734.)

Hélas! que je me sens confondre
Par tes vers et par tes talents!
Pourrais-je encore à quarante ans
Les mériter et leur répondre?
Le temps, la triste adversité
Détend les cordes de ma lyre.
Les Jeux, les Amours m'ont quitté;
C'est à toi qu'ils viennent sourire,
C'est toi qu'ils veulent inspirer,
Toi qui sais, dans ta double ivresse,
Chanter, adorer ta maîtresse,
En jouir, et la célébrer.
Adieu; quand mon bonheur s'envolé,
Quand je n'ai plus que des desirs,
Ta félicité me console
De la perte de mes plaisirs.

XXXIX. A M. LE COMTE ALGAROTTI. (1735.)

Lorsque ce grand courrier de la Philosophie,
  Condamine l'observateur,
De l'Afrique au Pérou, conduit par Uranie,
  Par la gloire et par la manie,
  S'en va griller sous l'équateur,
Maupertuis et Clairault, dans leur docte fureur,
  Vont geler au pole du monde.
Je les vois d'un degré mesurer la longueur
  Pour ôter au peuple rimeur
  Ce beau nom de machine ronde,
Que nos flasques auteurs, en chevillant leurs vers,
Donnaient à l'aventure à ce plat univers.

  Les astres, étonnés dans leur oblique course,
Le grand, le petit Chien, et le Cheval, et l'Ourse,
Se disent l'un à l'autre en langage des cieux,
« Certes, ces gens sont fous, ou ces gens sont des
    dieux ».
  Et vous, Algarotti, vous cygne de Padoue,
Eleve harmonieux du cygne de Mantoue,
Vous allez donc aussi sous le ciel des frimas
Porter en grelottant la lyre et le compas,
Et, sur des monts glacés. traçant des parallèles,
Faire entendre aux Lappons vos chansons immor-
    telles?

  Allez donc, et du pole observé, mesuré,
Revenez aux Français apporter des nouvelles.
  Cependant je vous attendrai,
Tranquille admirateur de votre astronomie,
Sous mon méridien, dans les champs de Cirey,
N'observant désormais que l'astre d'Emilie ;
Echauffé par le feu de son puissant génie,

6.

Et, par sa lumiere éclairé,
Sur ma lyre je chanterai
Son ame universelle autant qu'elle est unique;
Et j'atteste les cieux, mesurés par vos mains,
Que j'abandonnerais pour ses charmes divins
L'équateur et le pole arctique.

XL.   A M. DE SAINT-LAMBERT. (1736.)

Mon esprit avec embarras
Poursuit des vérités arides;
J'ai quitté les brillants appas
Des Muses, mes dieux et mes guides,
Pour l'astrolabe et le compas
Des Maupertuis et des Euclydes.
Du vrai le pénible fatras
Détend les cordes de ma lyre;
Vénus ne veut plus me sourire,
Les Graces détournent leurs pas.
Ma muse, les yeux pleins de larmes,
Saint-Lambert, vole auprès de vous;
Elle vous prodigue ses charmes:
Je lis vos vers, j'en suis jaloux.
Je voudrais en vain vous répondre:
Son refus vient de me confondre.
Vous avez fixé ses amours,
Et vous les fixerez toujours.
Pour former un lien durable
Vous avez sans doute un secret;
Je l'envisage avec regret,
Et ce secret, c'est d'être aimable.

~~~~~~

XLI. A Mademoiselle DE LUBERT.

Charmante Iris, qui, sans chercher à plaire,
Savez si bien le secret de charmer ;
Vous dont le cœur généreux et sincere
Pour son repos sut trop bien l'art d'aimer ;
Vous dont l'esprit formé par la lecture
Ne parle pas toujours mode et coiffure ;
Souffrez, Iris, que ma muse aujourd'hui
Cherche à tromper un moment votre ennui.
Auprès de vous on voit toujours les Graces ;
Pourquoi bannir les Plaisirs et les Jeux ?
L'amour les veut rassembler sur vos traces,
Pourquoi chercher à vous éloigner d'eux ?
Du noir chagrin volontaire victime,
Vous seule, Iris, faites votre tourment,
Et votre cœur croirait commettre un crime
S'il se prêtait à la joie un moment.
De vos malheurs je sais toute l'histoire ;
L'Amour, l'Hymen, ont trahi vos desirs :
Oubliez-les ; ce n'est que des plaisirs
Dont nous devons conserver la mémoire.
Les maux passés ne sont plus de vrais maux ;
Le présent seul est de notre apanage,
Et l'avenir peut consoler le sage,
Mais ne saurait altérer son repos. .
Du cher objet que votre cœur adore
Ne craignez rien ; comptez sur vos attraits :
Il vous aima ; son cœur vous aime encore,
Et son amour ne finira jamais.
Pour son bonheur bien moins que pour le vôtre
De la Fortune il brigue les faveurs :
Elle vous doit, après tant de rigueurs,

Pour son honnéur rendre heureux l'un et l'autre.
D'un tendre ami qui jamais ne rendit ;
A la fortune un criminel hommage
Ce sont les vœux. Goûtez, sur son présage,
Dès ce moment le sort qu'il vous prédit.

XLII. A M. HELVETIUS.

Apprenti fermier-général,
Très savant maître en l'art de plaire,
Chez Plutus, ce gros dieu brutal,
Vous portâtes mine étrangere ;
Mais chez les amours et leur mere,
Chez Minerve, chez Apollon,
Lorsque vous vîntes à paraître,
On vous prit d'abord pour le maitre,
Ou pour l'enfant de la maison.
Vainement sur votre menton
La main de l'aimable jeunesse
N'a mis encor que son coton,
Toute la raisonneuse espece
Croit voir en vous un vrai barbon:
Et cependant votre maitresse
Jamais ne s'y méprit, dit-on ;
Car au langage de Platon,
Au savoir qui dans vous réside,
A ce minois de Céladon
Vous joignez la force d'Alcide.

XLIII. A Mademoiselle SALLE.

Les amours, pleurant votre absence,
Loin de nous s'étaient envolés ;

Enfin les voilà rappelés
Dans le séjour de leur naissance.
Je les vis ces enfants ailés
Voler en foule sur la scene :
Pour y voir triompher leur reine
Les états furent assemblés ;
Tout avait déserté Cythere
Le jour, le plus beau de vos jours,
Où vous reçûtes de leur mere
Et la ceinture et les atours.
Dïeux ! quel fut l'aimable concours
Des Jeux qui, marchant sur vos traces,
Apprirent de vous pour toujours
Ces pas mesurés par les Graces,
Et composés par les Amours !
Des Ris l'essaim vif et folâtre
Avait occupé le théâtre
Sous les formes de mille amants ;
Vénus et ses nymphes, parées
De modernes habillements,
Des loges s'étaient emparées.
Un tas de vains perturbateurs,
Soulevant les flots du parterre,
A vous, à vos admirateurs
Vint aussi déclarer la guerre.
Je vis leur parti frémissant,
Forcé de changer de langage,
Vous rendre en pestant leur hommage,
Et jurer en applaudissant.
Restez, fille de Terpsichore :
L'Amour est las de voltiger ;
Laissez soupirer l'étranger
Brûlant de vous revoir encore.
Je sais que, pour vous attirer,
Le solide Anglais récompense
Le mérite errant que la France

Ne fait tout au plus qu'admirer.
Par sa généreuse industrie
Il veut en vain vous rappeler;
Est-il rien qui doive égaler
Le suffrage de sa patrie?

XLIV. A Mme LA MARQUISE DU CHATELET,

sur la philosophie de Newton. (1738.)

Tu m'appelles à toi, vaste et puissant génie,
Minerve de la France, immortelle Emilie;
Je m'éveille à ta voix, je marche à ta clarté
Sur les pas des Vertus et de la Vérité.
Je quitte Melpomene et les jeux du théâtre,
Ces combats, ces lauriers dont je fus idolâtre;
De ces triomphes vains mon cœur n'est plus touché.
Que le jaloux Rufus, à la terre attaché,
Traîne au bord du tombeau la fureur insensée
D'enfermer dans un vers une fausse pensée;
Qu'il arme contre moi ses languissantes mains
Des traits qu'il destinait au reste des humains;
Que quatre fois par mois un ignorant Zoïle
Eleve en frémissant une voix imbécille:
Je n'entends point leurs cris que la haine a formés,
Je ne vois point leurs pas dans la fange imprimés :
Le charme tout-puissant de la philosophie
Eleve un esprit sage au-dessus de l'envie;
Tranquille au haut des cieux que Newton s'est soumis,
Il ignore en effet s'il a des ennemis:
Je ne les connais plus. Déja de la carriere
L'auguste Vérité vient m'ouvrir la barriere;
Déja ces tourbillons, l'un par l'autre pressés,
Se mouvant sans espace, et sans regle entassés,

Ces fantômes savants à mes yeux disparaissent.
Un jour plus pur me luit ; les mouvements renaissent.
L'espace qui de Dieu contient l'immensité
Voit rouler dans son sein l'univers limité,
Cet univers si vaste à notre faible vue,
Et qui n'est qu'un atome, un point dans l'étendue.
  Dieu parle, et le chaos se dissipe à sa voix ;
Vers un centre commun tout gravité à la fois.
Ce ressort si puissant, l'ame de la nature,
Etait enseveli dans une nuit obscure ;
Le compas de Newton, mesurant l'univers,
Leve enfin ce grand voile, et les cieux sont ouverts.
  Il découvre à mes yeux par une main savante
De l'astre des saisons la robe étincelante ;
L'émeraude, l'azur, le pourpre, le rubis,
Sont l'immortel tissu dont brillent ses habits ;
Chacun de ses rayons dans sa substance pure
Porte en soi les couleurs dont se peint la nature ;
Et confondus ensemble ils éclairent nos yeux,
Ils animent le monde, ils emplissent les cieux.
  Confidents du Très-Haut, substances éternelles,
Qui brûlez de ses feux, qui couvrez de vos ailes
Le trône où votre maître est assis parmi vous,
Parlez ; du grand Newton n'étiez-vous point jaloux ?
  La mer entend sa voix. Je vois l'humide empire
S'élever, s'avancer vers le ciel qui l'attire :
Mais un pouvoir central arrête ses efforts ;
La mer tombe, s'affaisse, et roule vers ses bords.
  Cometes que l'on craint à l'égal du tonnerre,
Cessez d'épouvanter les peuples de la terre :
Dans une ellipse immense achevez votre cours ;
Remontez, descendez près de l'astre des jours ;
Lancez vos feux, volez, et, revenant sans cesse,
Des mondes épuisés ranimez la vieillesse.
  Et toi, sœur du soleil, astre qui dans les cieux
Des sages éblouis trompais les faibles yeux ;

Newton de ta carriere a marqué les limites :
Marche, éclaire les nuits; tes bornes sont prescrites
Terre, change de forme : et que la pesanteur
En abaissant le pole éleve l'équateur.
Pole immobile aux yeux, si lent dans votre course,
Fuyez le char glacé des sept astres de l'Ourse :
Embrassez dans le cours de vos longs mouvements
Deux cents siecles entiers par-delà six mille ans.

Que ces objets sont beaux ! que notre ame épurée
Vole à ces vérités dont elle est éclairée !
Oui, dans le sein de Dieu, loin de ce corps mortel ;
L'esprit semble écouter la voix de l'Eternel.

Vous à qui cette voix se fait si bien entendre,
Comment avez-vous pu, dans un âge encor tendre,
Malgré les vains plaisirs, ces écueils des beaux jours,
Prendre un vol si hardi, suivre un si vaste cours,
Marcher après Newton dans cette route obscure
Du labyrinthe immense où se perd la nature?
Puissé-je auprès de vous, dans ce temple écarté,
Aux regards des Français montrer la vérité !
Tandis qu'Algarotti, sûr d'instruire et de plaire,
Vers le Tibre etonné conduit cette étrangere,
Que de nouvelles fleurs il orne ses attraits,
Le compas à la main j'en tracerai les traits :
De mes crayons grossiers je peindrai l'immortelle ;
Cherchant à l'embellir, je la rendrais moins belle :
Elle est, ainsi que vous, noble, simple et sans fard,
Au-dessus de l'éloge, au-dessus de mon art.

~~~~~~~~~~~~~~~~~~~~~~~~~~~~~~~~~~~

LV. A M. DE SAINT-LAMBERT.

Tandis qu'au-dessus de la terre,
Des aquilons et du tonnerre,
La belle amante de Newton

Dans les routes de la lumiere.
Conduit le char de Phaéton,
Sans verser dans cette carriere ;
Nous attendons paisiblement,
Près de l'onde Castalienne,
Que notre héroïne revienne
De son voyage au firmament ;
Et nous assemblons pour lui plaire,
Dans ces vallons et dans ces bois ;
Les fleurs dont Horace autrefois
Faisait des bouquets pour Glycere.
Saint-Lambert, ce n'est que pour toi
Que ces belles fleurs sont écloses ;
C'est ta main qui cueille les roses,
Et les épines sont pour moi.
Ce vieillard chenu qui s'avance,
Le Temps, dont je subis les lois,
Sur ma lyre a glacé mes doigts,
Et des organes de ma voix
Fait frémir la sourde cadence.
Les Graces dans ces beaux vallons,
Les dieux de l'amoureux délire,
Ceux de la flûte et de la lyre
T'inspirent tes aimables sons,
Avec toi dansent aux chansons,
Et ne daignent plus me sourire.

    Dans l'heureux printemps de tes jours
Des dieux du Pinde et des amours
Saisis la faveur passagere ;
C'est le temps de l'illusion.
Je n'ai plus que de la raison,
Encore, hélas ! n'en ai-je guere.

    Mais je vois venir sur le soir
Du plus haut de son aphélie
Notre astronomique Emilie
Avec un vieux tablier noir,

Et la main d'encre encor salie;
Elle a laissé là son compas,
Et ses calculs, et sa lunette;
Elle reprend tous ses appas:
Porte-lui vîte à sa toilette
Ces fleurs qui naissent sur tes pas,
Et chante-lui sur ta musette
Ces beaux airs que l'amour répete,
Et que Newton ne connut pas.

XLVI. AU PRINCE ROYAL,

DEPUIS ROI DE PRUSSE.

De l'usage de la science dans les princes. (1736.)

PRINCE, il est peu de rois que les Muses instruisent;
Peu savent éclairer les peuples qu'ils conduisent:
Le sang des Antonins sur la terre est tari;
Car, depuis ce héros de Rome si chéri,
Ce philosophe-roi, ce divin Marc-Aurele,
Des princes, des guerriers, des savants le modele,
Quel roi, sous un tel joug osant se captiver,
Dans les sources du vrai sut jamais s'abreuver?
Deux ou trois tout au plus, prodiges dans l'histoire,
Du nom de philosophe ont mérité la gloire;
Le reste est à vos yeux le vulgaire des rois;
Esclaves des plaisirs, fiers oppresseurs des lois,
Fardeaux de la nature, ou fléaux de la terre,
Endormis sur le trône, ou lançaut le tonnerre.
Le monde aux pieds des rois les voit sous un faux jour:
Qui sait régner sait tout, si l'on en croit la cour.
Mais quel est en effet ce grand art politique,
Ce talent si vanté dans un roi despotique?

Tranquille sur le trône, il parle, on obéit ;
S'il sourit, tout est gai ; s'il est triste, on frémit.
Quoi ! régir d'un coup-d'œil une foule servile,
Est-ce un poids si pesant, un art si difficile ?
Non ; mais fouler aux pieds la coupe de l'erreur
Dont veut vous enivrer un ennemi flatteur ;
Des prélats courtisans confondre l'artifice ;
Aux organes des lois enseigner la justice ;
Du séjour doctoral chassant l'absurdité,
Dans son sein ténébreux placer la vérité ;
Eclairer le savant, et soutenir le sage :
Voilà ce que j'admire, et c'est là votre ouvrage.
L'ignorance en un mot flétrit toute grandeur.
 Du dernier roi d'Espagne un grave ambassadeur
De deux savants anglais reçut une priere :
Ils voulaient, dans l'école apportant la lumiere,
De l'air qu'un long crystal enferme en sa hauteur
Aller au haut d'un mont marquer la pesanteur.
Il pouvait les aider dans ce savant voyage ;
Il les prit pour des fous : lui seul était peu sage.
Que dirai-je d'un pape et de sept cardinaux,
D'un zele apostolique unissant les travaux,
Pour apprendre aux humains, dans leurs augustes
   codes,
Que c'était un péché de croire aux antipodes ?
Combien de souverains, chrétiens et musulmans,
Ont tremblé d'une éclipse, ont craint des talismans !
Tout monarque indolent, dédaigneux de s'instruire,
Est le jouet honteux de qui veut le séduire :
Un astrologue, un moine, un chymiste effronté,
Se font un revenu de sa crédulité ;
prodigue au dernier son or par avarice ;
Il demande au premier si Saturne propice,
D'un aspect fortuné regardant le soleil,
L'appelle à table, au lit, à la chasse, au conseil :
Il est aux pieds de l'autre, et d'une ame soumise

Par la crainte du diable il enrichit l'église.
Un pareil souverain ressemble à ces faux dieux,
Vils marbres adorés, ayant en vain des yeux ;
Et le prince éclairé que la raison domine
Est un vivant portrait de l'essence divine. '
    Je sais que dans un roi l'étude, le savoir,
N'est pas le seul mérite et l'unique devoir ;
Mais qu'on me nomme enfin dans l'histoire sacrée
Le roi dont la mémoire est le plus révérée :
C'est ce bon Salomon que Dieu même éclaira,
Qu'on chérit dans Sion, que la terre admira,
Qui mérita des rois le volontaire hommage :
Son peuple était heureux, il vivait sous un sage ;
L'abondance, à sa voix passant le sein des mers,
Volait pour l'enrichir des bouts de l'univers,
Comme à Londre, à Bordeaux, de cent voiles suivie,
Elle apporte au printemps les trésors de l'Asie.
Ce roi, que tant d'éclat ne pouvait éblouir,
Sut joindre à ses talents l'art heureux de jouir.
Ce sont là les leçons qu'un roi prudent doit suivre ;
Le savoir en effet n'est rien sans l'art de vivre.
Qu'un roi n'aille donc point, épris d'un faux éclat,
Pâlissant sur un livre, oublier son état ;
Que plus il est instruit plus il aime la gloire.
    De ce monarque anglais vous connaissez l'histoire :
Dans un fatal exil Jacques laissa périr
Son gendre infortuné, qu'il eût pu secourir.
Ah ! qu'il eût mieux valu, rassemblant ses armées,
Délivrer des Germains les villes opprimées,
Venger de tant d'états les désolations,
Et tenir la balance entre les nations,
Que d'aller, des docteurs briguant les vains suffrages,
Au doux enfant Jésus dédier ses ouvrages !
Un monarque éclairé n'est pas un roi pédant ;
Il combat en héros, il pense en vrai savant.
Tel fut ce Julien méconnu du vulgaire,

Philosophe et guerrier, terrible et populaire.
Ainsi ce grand César, soldat, prêtre, orateur,
Fut du peuple romain l'oracle et le vainqueur.
On sait qu'il fit encor bien pis dans sa jeunesse ;
Mais tout sied au héros, excepté la faiblesse.

XLVII. AU PRINCE ROYAL DE PRUSSE. (1738.)

Vous ordonnez que je vous dise
   Tout ce qu'à Cirey nous faisons :
Ne le voyez-vous pas sans qu'on vous en instruise ?
Vous êtes notre maitre, et nous vous imitons ;
Nous retenons de vous les plus belles leçons
   De la sagesse d'Epicure.
   Comme vous, nous sacrifions
   A tous les arts, à la nature ;
   Mais de fort loin nous vous suivons.
   Ainsi, tandis qu'à l'aventure
   Le dieu du jour lance un rayon
   Au fond de quelque chambre obscure,
   De ses traits la lumiere pure
   Y peint du plus vaste horizon
   La perspective en miniature.
   Une telle comparaison
   Se sent un peu de la lecture
   Et de Kirker et de Newton.
   Par ce ton si philosophique,
   Qu'ose prendre ma faible voix,
   Peut-être je gâte à la fois,
   La poésie et la physique :
   Mais cette nouveauté me pique,
   Et du vieux code poétique
   Je commence à braver les lois.
   Qu'un autre, dans ses vers lyriques,

Dépuis deux mille ans répétés,
Brode encor des fables antiques;
Je veux de neuves vérités.
Divinités des bergeries,
Naïades des rives fleuries,
Satyres, qui dansez toujours,
Vieux enfants, que l'on nomme Amours,
Qui faites naître en nos prairies
De mauvais vers et de beaux jours,
Allez remplir les hémistiches
De ces vers pillés et postiches
Des rimailleurs suivant les cours.
D'une mesure cadencée
Je connais le charme enchanteur:
L'oreille est le chemin du cœur;
L'harmonie et son bruit flatteur
Sont l'ornement de la pensée;
Mais je préfere avec raison
Les belles fautes du génie
A l'exacte et froide oraison
D'un puriste d'académie.
Jardins plantés en symmétrie,
Arbres nains tirés au cordeau,
Celui qui vous mit au niveau
En vain s'applaudit, se récrie
En voyant ce petit morceau;
Jardins, il faut que je vous fuie;
Trop d'art me révolte et m'ennuie:
J'aime mieux ces vastes forêts;
La nature libre et hardie,
Irréguliere dans ses traits,
S'accorde avec ma fantaisie.
Mais dans ce discours familier
En vain je crois étudier
Cette nature simple et belle;
Je me sens plus irrégulier,

Et beaucoup moins aimable qu'elle.
Accordez-moi votre pardon
Pour cette longue rapsodie ;
Je l'écrivis avec saillie,
Mais peu maître de ma raison,
Car j'étais auprès d'Emilie.

XLVIII.   AU PRINCE ROYAL DE PRUSSE,

au nom de madame la marquise du Châtelet, à qui il avait
demandé ce qu'elle faisait à Cirey. (1738.)

Un peu philosophe et bergere,
Dans le sein d'un riant séjour,
Loin des riens brillants de la cour,
Des intrigues du ministere,
Des inconstances de l'amour,
Des absurdités du vulgaire
Toujours sot et toujours trompé,
Et de la troupe mercenaire
Par qui ce vulgaire est dupé,
Je suis heureuse et solitaire;
Non pas que mon esprit sévere
Haïsse par son caractere
Tous les humains également :
Il faut les fuir, c'est chose claire,
Mais non pas tous assurément.
Vivre seule dans sa taniere
Est un assez méchant parti,
Et ce n'est qu'avec un ami
Que la solitude doit plaire.
Pour ami j'ai choisi Voltaire :
Peut-être en feriez-vous ainsi.
Mes jours s'écoulent sans tristesse;
Et dans mon loisir studieux

Je ne demandais rien aux dieux
Que quelque dose de sagesse,
Quand le plus aimable d'entre eux,
A qui nous érigeons un temple,
A, par ses vers doux et nombreux,
De la sagesse que je veux
Donné les leçons et l'exemple.
Frédéric est le nom sacré
De ce dieu charmant qui m'éclaire;
Que ne puis-je aller à mon gré
Dans l'Olympe où l'on le révere!
Mais le chemin m'en est bouché.
Frédéric est un dieu caché,
Et c'est ce qui nous désespere.
Pour moi, nymphe de ces côteaux,
Et des prés si verds et si beaux,
Enrichis de l'eau qui les baise,
Soumise au fleuve de la Blaise,
A mon mari, ne vous déplaise,
Je reste parmi mes roseaux.
Mais vous, du séjour du tonnerre
Ne pourriez-vous descendre un peu?
C'est bien la peine d'être dieu
Quand on ne vient pas sur la terre!

XLIX. AU ROI DE PRUSSE

FREDERIC LE GRAND,

en réponse à une lettre dont il honora l'auteur, à son
avènement à la couronne. (1740.)

Quoi, vous êtes monarque, et vous m'aimez encore!
Quoi, le premier moment de cette heureuse aurore
Qui promet à la terre un jour si lumineux,

Marqué par vos bontés, met le comble à mes vœux!
O cœur toujours sensible! ame toujours égale!
Vos mains du trône à moi remplissent l'intervalle.
Citoyen couronné, des préjugés vainqueur,
Vous m'écrivez en homme, et parlez à mon cœur.
Cet écrit vertueux, ces divins caracteres,
Du bonheur des humains sont les gages sinceres.
Ah prince! ah digne espoir de nos cœurs captivés!
Ah! régnez à jamais comme vous écrivez.
Poursuivez, remplissez des vœux si magnanimes.
Tout roi jure aux autels de réprimer les crimes;
Et vous, plus digne roi, vous jurez dans mes mains
De protéger les arts, et d'aimer les humains.
    Et toi (1), dont la vertu brilla persécutée,
Toi qui prouvas un Dieu, mais qu'on nommait athée,
Martyr de la raison, que l'envie en fureur
Chassa de son pays par les mains de l'erreur,
Reviens; il n'est plus rien qu'un philosophe craigne:
Socrate est sur le trône, et la vérité regne.
    Cet or qu'on entassait, ce pur sang des états,
Qui leur donne la mort en ne circulant pas,
Répandu par ses mains au gré de sa prudence,
Va ranimer la vie et porter l'abondance.
La sanglante injustice expire sous ses pieds;
Déja les rois voisins sont tous ses alliés,
Ses sujets sont ses fils, l'honnête homme est son frere;
Ses mains portent l'olive, et s'arment pour la guerre.
Il ne recherche point ces énormes soldats,
Ce superbe appareil, inutile aux combats,
Fardeaux embarrassants, colosses de la guerre,
Enlevés à prix d'or aux deux bouts de la terre:
Il veut dans ses guerriers le zele et la valeur,
Et, sans les mesurer, juge d'eux par le cœur.
Ainsi pense le juste, ainsi regne le sage:

    (1) Le professeur Volf.

Mais il faut au grand homme un plus heureux partage;
Consulter la prudence et suivre l'équité,   ( )
Ce n'est encor qu'un pas vers l'immortalité.
Qui n'est que juste est dur, qui n'est que sage est triste;
Dans d'autres sentiments l'héroïsme consiste :
Le conquérant est craint, le sage est estimé ;
Mais le bienfaisant charme, et lui seul est aimé ;
Lui seul est vraiment roi, sa gloire est toujours pure;
Son nom parvient sans tache à la race future.
A qui se fait chérir faut-il d'autres exploits ?
Trajan non loin du Gange enchaîna trente rois ;
A peine a-t-il un nom fameux par la victoire;
Connu par ses bienfaits, sa bonté fait sa gloire.
Jérusalem conquise et ses murs abattus
N'ont point éternisé le grand nom de Titus;
Il fut aimé, voilà sa grandeur véritable.
　　O vous qui l'imitez, vous son rival aimable,
Effacez le héros dont vous suivez les pas.
Titus perdit un jour, et vous n'en perdrez pas.

~~~~~~

L. A M. LE COMTE DE MAUREPAS,

MINISTRE D'ÉTAT,

sur l'encouragement des arts. (1740.)

Toi qui, mêlant toujours l'agréable à l'utile,
Des plaisirs aux travaux passes d'un vol agile,
Que j'aime à voir ton goût par des soins bienfaisants
Encourager les arts à ta voix renaissants !
Sans accorder jamais d'injuste préférence,
Entre tous ces rivaux tiens toujours la balance.
De Melpomene en pleurs anime les accents ;
De sa riante sœur chéris les agréments;
Anime le pinceau, le ciseau, l'harmonie,
Et mets un compas d'or dans les mains d'Uranie.

Le véritable esprit sait se plier à tout :
On ne vit qu'à démi quand on n'a qu'un seul goût.
Je plains tout être faible, aveugle en sa manie,
Qui dans un seul objet confina son génie,
Et qui, de son idôle adorateur charmé,
Veut immoler le reste au dieu qu'il s'est formé.
Entends-tu murmurer ce sauvage algébriste,
A la démarche lente, au teint blême, à l'œil triste,
Qui, d'un calcul aride à peine encore instruit,
Sait que quatre est à deux comme seize est à huit?
Il méprise Racine, il insulte à Corneille,
Lulli n'a point de sons pour sa pesante oreille,
Et Rubens vainement sous ses pinceaux flatteurs
De la belle nature assortit les couleurs;
Des xx redoublés admirant la puissance,
Il croit que Varignon fut seul utile en France,
Et s'étonne sur-tout qu'inspiré par l'amour
Sans algebre autrefois Quinault charmât la cour.
Avec non moins d'orgueil et non moins de folie
Un éleve d'Euterpe, un enfant de Thalie,
Qui dans ses vers pillés nous répete aujourd'hui
Ce qu'on a dit cent fois, et toujours mieux que lui,
De sa frivole muse admirateur unique,
Conçoit pour tout le reste un dégoût léthargique,
Prend pour des arpenteurs Archimede et Newton,
Et voudrait mettre en vers Aristote et Platon.
Ce bœuf qui pesamment rumine ses problèmes,
Ce papillon folâtre, ennemi des systèmes,
Sont regardés tous deux avec un ris moqueur
Par un bavard en robe, apprenti chicaneur,
Qui, de papiers timbrés barbouilleur mercenaire,
Vous vend pour un écu sa plume et sa colere.
Pauvres fous! vains esprits! s'écrie avec hauteur
Un ignorant fourré, fier du nom de docteur,
Venez à moi; laissez Massillon, Bourdaloue;
Je veux vous convertir, mais je veux qu'on me loue:

Je divise en trois points le plus simple des cas ;
J'ai, vingt ans, sans l'entendre, expliqué saint Thomas.
Ainsi ces charlatans, de leur art idolâtres,
Attroupent un vain peuple aux pieds de leurs théâtres.
L'honnête homme est plus juste ; il approuve en autrui
Les arts et les talents qu'il ne sent point en lui.

    Jadis avant que Dieu, consommant son ouvrage,
Eût d'un souffle de vie animé son image,
Il se plut à créer des animaux divers ;
L'aigle au regard perçant pour régner dans les airs,
Le paon pour étaler l'iris de son plumage,
Le coursier pour servir, le loup pour le carnage,
Le chien fidele et prompt, l'âne docile et lent,
Et le taureau farouche, et l'animal bêlant,
Le chantre des forêts, la douce tourterelle,
Qu'on a cru faussement des amants le modele ;
L'homme les nomma tous ; et par un heureux choix,
Discernant leurs instincts, assigna leurs emplois.
On conte que l'époux de la célèbre Hortense
Signala plaisamment sa sainte extravagance ;
Craignant de faire un choix par sa faible raison,
Il tirait aux trois dés les rangs de sa maison :
Le sort, d'un postillon faisait un secrétaire ;
Son cocher étonné devint homme d'affaire ;
Un docteur hibernois, son très digne aumônier,
Rendit grace au destin qui le fit cuisinier :
On a vu quelquefois des choix aussi bizarres.

    Il est beaucoup d'emplois, mais les talents sont rares.
Si dans Rome avilie un empereur brutal
Des faisceaux d'un consul honora son cheval,
Il fut cent fois moins fou que ceux dont l'imprudence
Dans d'indignes mortels a mis sa confiance.
L'ignorant a porté la robe de Cuias ;
La mitre a décoré des têtes de Midas ;
Et tel au gouvernail a présidé sans peine
Qui la rame à la main dut servir à la chaine.

Le mérite est caché. Qui sait si de nos temps
Il n'est point, quoi qu'on dise, encor quelques talents ?
Peut-être qu'un Virgile, un Cicéron sauvage,
Est chantre de paroisse, ou juge de village.
Le sort, aveugle roi des aveugles humains,
Contredit la nature, et détruit ses desseins,
Il affaiblit ses traits, les change ou les efface.
Tout s'arrange au hasard, et rien n'est à sa place.

LI.   AU ROI DE PRUSSE.

A Bruxelles, le 9 avril 1741.

Non, il n'est point ingrat, c'est moi qui suis injuste ;
Il fait des vers, il m'aime ; et ce héros auguste,
En inspirant l'amour, en répandant l'effroi,
Caresse encor sa muse, et badine avec moi.
Du bouclier de Mars il s'est fait un pupitre ;
De sa main triomphante il me trace une épître,
Une épître où son cœur a paru tout entier.
Je vois le bel esprit, et l'homme, et le guerrier ;
C'est le vrai coloris de son ame intrépide:
Son style, ainsi que lui, brillant, mâle, et rapide,
Sans languir un moment, ressemble à ses exploits:
Il dit tout en deux mots, et fait tout en deux mois.
O ciel, veillez sur lui, si vous aimez la terre,
Ecartez loin de lui les foudres de la guerre ;
Mais écartez sur-tout les poignards des dévots !
Que le fou Loyola défende à ses suppôts
D'imiter saintement dans les champs germaniques
Des Châtel, des Clément les forfaits catholiques !
Je connais trop l'église et ses saintes fureurs.
Je ne crains point les rois, je crains les directeurs ;
Je crains le front tondu d'un cuistre à robe noire,
Qui du vieux testament lisant du nez l'histoire,

D'Aod et de Judith admirant les desseins,
Prêche le parricide, et fait des assassins;
Il sait d'un fanatique enhardir la faiblesse.
Un sot à deux genoux qui marmotte à confesse
La liste des péchés dont il veut le pardon,
Instrument dangereux dans les mains d'un frippon,
Croit tout, est prêt à tout; et sa main frénétique
Respecte rarement un héros hérétique.

L'II.   AU ROI DE PRUSSE.

Ce 20 avril 1741.

Hé bien, mauvais plaisants, critiques obstinés,
Prétendus beaux esprits à médire acharnés,
Qui, parlant sans penser, fiers avec ignorance,
Mettez légèrement les rois dans la balance,
Qui d'un ton décisif, aussi hardi que faux, [1]
Assurez qu'un savant ne peut être un héros ;
Ennemis de la gloire et de la poésie,
Grands critiques des rois, allez en Silésie;
Voyez cent bataillons près de Neiss écrasés :
C'est là qu'est mon héros. Venez, si vous l'osez.
Le voilà ce savant que la gloire environne,
Qui préside aux combats, qui commande à Bellone,
Qui du fier Charles douze égalant le grand cœur
Le surpasse en prudence, en esprit, en douceur.
C'est lui-même, c'est lui dont l'ame universelle
Courut de tous les arts la carriere immortelle;
Lui qui de la nature a vu les profondeurs,
Des charlatans dévots confondit les erreurs;
Lui qui, dans un repas, sans soins et sans affaire,
Passait les ignorants dans l'art heureux de plaire;
Qui sait tout, qui fait tout, qui s'élance à grands pas
Du Parnasse à l'Olympe, et des jeux aux combats.

Je sais que Charles douze, et Gustave, et Turenne,
N'out point bu dans les eaux qu'épanche l'Hippocrene.
Mais enfin ces guerriers, illustres ignorants,
En étant moins polis, n'en étaient pas plus grands.
Mon prince est au-dessus de leur gloire vulgaire ;
Quand il n'est point Achille, il sait être un Homere ;
Tour à tour la terreur de l'Autriche et des sots,
Fertile en grands projets aussi-bien qu'en bons mots ;
Et, riant à la fois de Geneve et de Rome,
Il parle, agit, combat, écrit, regne en grand homme.
O vous qui prodiguez l'esprit et les vertus,
Reposez-vous, mon prince, et ne m'effrayez plus ;
Et, quoique vous sachiez tout penser et tout faire,
Songez que les boulets ne vous respectent guere,
Et qu'un plomb dans un tube entassé par des sots
Peut casser d'un seul coup la tête d'un héros
Lorsque, multipliant son poids par sa vitesse,
Il fend l'air qui résiste et pousse autant qu'il presse.
Alors, privé de vie et chargé d'un grand nom,
Sur un lit de parade étendu tout du long,
Vous iriez tristement revoir votre patrie ;
O ciel, que ferait-on dans votre académie ?
Un dur anatomiste, éleve d'Atropos,
Viendrait, scalpel en main, disséquer mon héros ;
La voilà, dirait-il, cette cervelle unique,
Si belle, si féconde ; et si philosophique ;
Il montrerait aux yeux les fibres de ce cœur
Généreux, bienfaisant, juste, plein de grandeur ;
Il couperait. . . . . Mais non, ces horribles images
Ne doivent point souiller les lignes de nos pages.
Conservez, ô mes dieux, l'aimable Frédéric,
Pour son bonheur, pour moi, pour le bien du public ;
Vivez, prince, et passez dans la paix, dans la guerre,
Sur-tout dans les plaisirs, tous les *ics* de la terre,
Théodoric, Ulric, Genseric, Alaric,
Dont aucun ne vous vaut selon mon pronostic.

Mais lorsque vous aurez, de victoire en victoiré,
Augmenté vos états ainsi que votre gloire,
Daignez vous souvenir que ma tremblante voix,
En chantant vos vertus, présagea vos exploits;
Songez bien qu'en dépit de la grandeur suprême
Votre main mille fois m'écrivait, Je vous aime.
Adieu, grand politique, et rapide vainqueur :
Trente états subjugués ne valent point un cœur.

LIII. AU ROI DE PRUSSE.

De Bruxelles, 1742.

LE s vers et les galants écrits
Ne sont pas de cette province;
Et dans les lieux où tout est prince
Il est très peu de beaux esprits.
Jean Rousseau, banni de Paris,
Vit émousser dans ce pays
Le tranchant aigu de sa pince;
Et sa muse, qui toujours grince,
Et qui fuit les jeux et les ris,
Devint ici grossiere et mince.
Comment vouliez-vous que je tinsse
Contre ces frimas épaissis ?
Vouliez-vous que je redevinsse
Ce que j'étais quand je suivis
Les traces du pasteur du Mince,
Et que je chantai les Henris ?
Apollon la tête me rince;
Il s'apperçoit que je vieillis.
Il voulut qu'en lisant Leibnitz
De plus rimailler je m'abstinsse;
Il le voulut, et j'obéis :
Auriez-vous cru que j'y parvinsse?

LIV. AU ROI DE PRUSSE.

FRAGMENT.

. . . .
Lorsque, pour tenir la balance,
L'Anglais vide son coffre-fort;
Lorsque l'Espagnol sans puissance
Croit par-tout être le plus fort;
Quand le Français vif et volage
Fait au plus vite un empereur;
Quand Belle-Isle n'est pas sans peur
Pour l'ouvrier et pour l'ouvrage;
Quand le Batave un peu tardif,
Rempli d'égards et de scrupule,
Avance un pas et deux recule
Pour se joindre à l'Anglais actif;
Quand le bon-homme de saint-pere
Du haut de sa sainte Sion
Donne sa bénédiction
A plus d'une armée étrangere;
Que fait mon héros à Berlin?
Il réfléchit sur la folie
Des conducteurs du genre humain;
Il donne des lois au destin,
Et carriere à son grand génie;
Il fait des vers gais et plaisants;
Il rit en donnant des batailles:
On commence à craindre à Versailles
De le voir rire à nos dépens.

. . . .

LV. AU ROI DE PRUSSE. (1744.)

CEUX qui sont nés sous un monarque
Font tous semblant de l'adorer;
Sa majesté, qui le remarque,
Fait semblant de les honorer;
Et de cette fausse monnoie
Que le courtisan donne au roi,
Et que le prince lui renvoie,
Chacun vit ne songeant qu'à soi:
Mais lorsque la philosophie,
La séduisante poésie,
Le goût, l'esprit, l'amour des arts,
Rejoignent sous leurs étendards,
A trois cent milles de distance,
Votre très royale éloquence,
Et mon goût pour tous vos talents;
Quand, sans crainte et sans espérance,
Je sens en moi tous vos penchants,
Et lorsqu'un peu de confidence
Resserre encor ces nœuds charmants;
Enfin lorsque Berlin attire
Tous mes sens à Cirey séduits;
Alors ne pouvez-vous pas dire
On m'aime tout roi que je suis?
    Enfin l'océan germanique,
Qui toujours des bons Hambourgeois
Servit si bien la république,
Vers Embden sera sous vos lois
Avec garnison batavique.
Un tel mélange me confond:
Je m'attendais peu, je vous jure,
De voir de l'or avec du plomb;

Mais votre creuset me rassure:
A votre feu, qui tout épure,
Bientôt le vil métal se fond,
Et l'or vous demeure en nature.
Par-tout que de prospérités!
Vous conquérez, vous héritez
Des ports de mer et des provinces;
Vous mariez à de grands princes,
De très adorables beautés;
Vous faites noce, et vous chantez
Sur votre lyre enchanteresse
Tantôt de Mars les cruautés
Et tantôt la douce mollesse.
Vos sujets au sein du loisir
Goûtent les fruits de la victoire:
Vous avez et fortune et gloire;
Vous avez sur-tout du plaisir;
Et cependant le roi, mon maître,
Si digne avec vous de paraître
Dans la liste des meilleurs rois,
S'amuse à faire dans la Flandre
Ce que vous faisiez autrefois
Quand trente canons à la fois
Mettaient des bastions en cendre.
C'est lui qui, secouru du ciel,
Et sur-tout d'une armée entiere,
A brisé la forte barriere
Qu'à notre nation guerriere
Mettait le bon greffier Fagel.
De Flandre il court en Allemagne
Défendre les rives du Rhin;
Sans quoi le pandoure inhumain
Viendrait s'enivrer de ce vin
Qu'on a cuvé dans la Champagne.
Grand roi, je vous l'avais bien dit
Que mon souverain magnanime

Dans l'Europe aurait du crédit,
Et de grands droits à votre estime.
Son beau feu, dont un vieux prélat
Avait caché les étincelles,
A de ses flammes immortelles
Tout d'un coup répandu l'éclat :
Ainsi la brillante fusée
Est tranquille jusqu'au moment
Où par son amorce embrasée
Elle éclaire le firmament,
Et, perçant dans les sombres voiles,
Semble se mêler aux étoiles
Qu'elle efface par son brillant.
C'est ainsi que vous enflammâtes
Tout l'horizon d'un nouveau ciel,
Lorsqu'à Berlin vous commençâtes
A prendre ce vol immortel
Devers la gloire où vous volâtes.
Tout du plus loin que je vous vis,
Je m'écriai ; je vous prédis
A l'Europe tout incertaine.
Vous parûtes ; vingt potentats
Se troublerent dans leurs états
En voyant ce grand phénomene :
Il brille, il donne de beaux jours ;
J'admire, je bénis leur cours,
Mais c'est de loin ; voilà ma peine.

LVI.   AU ROI DE PRUSSE.

A Paris, ce 1 novembre 1744.

Du héros de la Germanie
Et du plus bel esprit des rois
Je n'ai reçu depuis trois mois

Ni beaux vers, ni prose polie;
Ma muse en est en léthargie.
Je me réveille aux fiers accents
De l'Allemagne ranimée,
Aux fanfares de votre armée,
A vos tonnerres menaçants
Qui se mêlent aux cris perçants
Des cent voix de la renommée.
Je vois de Berlin à Paris
Cette déesse vagabonde,
De Frédéric et de Louis
Porter les noms au bout du monde;
Ces noms que la gloire a tracés
Dans un cartouche de lumiere,
Ces noms qui répondent assez
Du bonheur de l'Europe entiere,
S'ils sont toujours entrelacés.

   Quels seront les heureux poëtes,
Les chantres boursoufflés des rois,
Qui pourront élever leurs voix
Et parler de ce que vous faites?
C'est à vous seul de vous chanter,
Vous qu'en vos mains j'ai vu porter
La lyre et la lance d'Achille;
Vous qui, rapide en votre style
Comme dans vos exploits divers,
Faites de la prose et des vers
Comme vous prenez une ville.
D'Horace heureux imitateur,
Sa gaîté, son esprit, sa grace,
Ornent votre style enchanteur;
Mais votre muse le surpasse
Dans un point cher à notre cœur:
L'empereur protégeait Horace,
Et vous protégez l'empereur.

   Fils de Mars et de Calliope,

Et digne de ces deux grands noms,
Faites le destin de l'Europe,
Et daignez faire des chansons:
Et quand Thémis avec Bellone
Par votre main raffermira
Des Césars le funeste trône;
Quand le Hongrois cultivera,
A l'abri d'une paix profonde,
Du Tokai la vigne féconde;
Quand par-tout son vin se boira,
Qu'en le buvant on chantera
Les pacificateurs du monde,
Mon prince à Berlin reviendra ;
Mon prince à son peuple qui l'aime
Libéralement donnera
Un nouvel et bel opéra
Qu'il aura composé lui-même.
Chaque auteur vous applaudira ;
Car, tout envieux que nous sommes
Et du mérite et du grand nom,
Un poète est toujours fort bon
A la tête de cent mille hommes.
Mais, croyez-moi, d'un tel secours
Vous n'avez pas besoin pour plaire ;
Fussiez-vous pauvre comme Homere,
Comme lui vous vivrez toujours.
Pardon si ma plume légere,
Que souvent la vôtre enhardit,
Ecrit toujours au bel esprit
Beaucoup plus qu'au roi qu'on révere.
Le Nord, à vos sanglants progrès,
Vit des rois le plus formidable;
Moi qui vous approchai de près,
Je n'y vis que le plus aimable.

LVII. A M. LE COMTE ALGAROTTI,

qui était alors à la cour de Saxe, et que le roi de Pologne
avait fait son conseiller de guerre.

A Paris, février 1744.

ENFANT du Pinde et de Cythere,
Brillant et sage Algarotti,
A qui le ciel a départi
L'art d'aimer, d'écrire, et de plaire,
Et que, pour comble de bienfaits,
Un des meilleurs rois de la terre
A fait son conseiller de guerre
Dès qu'il a voulu vivre en paix ;
Dans vos palais de porcelaine
Recevez ces frivoles sons
Enfilés sans art et sans peine
Au charmant pays des pompons.
O Saxe, que nous vous aimons !
O Saxe, que nous vous devons
D'amour et de reconnaissance !
C'est de votre sein que sortit
Le héros qui venge la France,
Et la nymphe qui l'embellit.
Apprenez que cette dauphine
Par ses graces, par son esprit,
Ici chaque jour accomplit
Ce que votre muse divine
Dans ses lettres m'avait prédit.
Vous penserez que je l'ai vue
Quand je vous en dis tant de bien,
Et que je l'ai même entendue ;
Je vous jure qu'il n'en est rien,

Et que ma muse peu connue,
En vous répétant dans ces vers
Cette vérité toute nue,
N'est que l'écho de l'univers.

Une dauphine est entourée,
Et l'étiquette est son tourment.
J'ai laissé passer prudemment
Des paniers la foule titrée
Qui remplit tout l'appartement
De sa bigarrure dorée.
Virgile était-il le premier
A la toilette de Livie?
Il laissait passer Cornélie,
Les ducs et pairs, le chancelier,
Et les cordons bleus d'Italie,
Et s'amusait sur l'escalier
Avec Tibulle et Polymnie.
Mais à la fin j'aurai mon tour:
Les dieux ne me refusent guere;
Je fais aux Graces chaque jour
Une très dévote priere;
Je leur dis : Filles de l'Amour,
Daignez, à ma muse discrete,
Accordant un peu de faveur,
Me présenter à votre sœur
Quand vous irez à sa toilette.

Que vous dirai-je maintenant
Du dauphin, et de cette affaire
De l'amour et du sacrement?
Les dames d'honneur de Cythere
En pourraient parler dignemeut;
Mais un profane doit se taire :
Sa cour dit qu'il s'occupe à faire
Une famille de héros,
Ainsi qu'ont fait très à propos
Son aïeul et son digne pere.

Daignez pour moi remercier
Votre ministre magnifique :
D'un fade éloge poétique
Je pourrais fort bien l'ennuyer :
Mais je n'aime pas à louer ;
Et ces offrandes si chéries
Des belles et des potentats,
Gens tous nourris de flatteries,
Sont un bijou qui n'entre pas
Dans son baguier de pierreries.
    Adieu : faites bien au Saxon
Goûter les vers de l'Italie,
Et les vérités de Newton ;
Et que votre muse polie
Parle encor sur un nouveau ton
De notre immortelle Emilie.

LVIII. AU ROI.

Présentée à sa majesté, au camp devant Fribourg.

Novembre 1744.

Vous, dont l'Europe entiere aime ou craint la justice,
Brave et doux à la fois, prudent sans artifice,
Roi nécessaire au monde, où portez-vous vos pas ?
De la fievre échappé vous courez aux combats !
Vous volez à Fribourg ! En vain la Peyronie
Vous disait : « Arrêtez, ménagez votre vie ;
« Il vous faut du régime et non des soins guerriers :
« Un héros peut dormir couronné de lauriers ».
Le zele a beau parler, vous n'avez pu le croire ;
Rebelle aux médecins, et fidele à la gloire,
Vous bravez l'ennemi, les assauts, les saisons,
Le poids de la fatigue et le feu des canons.
Tout l'état en frémit, et craint votre courage :

Vos ennemis, grand roi, le craignent davantage.
Ah! n'effrayez que Vienne, et rassurez Paris;
Rendez, rendez la joie à vos peuples chéris;
Rendez-nous ce héros qu'on admire et qu'on aime.
　Un sage nous a dit que le seul bien suprême,
Le seul bien qui du moins ressemble au vrai bonheur,
Le seul digne de l'homme est de toucher un cœur.
Si ce sage eut raison, si la philosophie
Plaça dans l'amitié le charme de la vie,
Quel est donc, justes dieux! le destin d'un bon roi
Qui dit, sans se flatter, Tous les cœurs sont à moi?
A cet empire heureux qu'il est beau de prétendre!
Vous qui le possédez, venez, daignez entendre
Des bornes de l'Alsace aux remparts de Paris
Ce cri que l'amour seul forme de tant de cris;
Accourez, contemplez ce peuple dans la joie
Bénissant le héros que le ciel lui renvoie:
Ne le voyez-vous pas tout ce peuple à genoux,
Tous ces avides yeux qui ne cherchent que vous,
Tous nos cœurs enflammés volant sur notre bouche?
C'est là le vrai triomphe et le seul qui vous touche.
　Cent rois au capitole en esclaves traînés,
Leurs villes, leurs trésors, et leurs dieux enchaînés,
Ces chars étincelants, ces prêtres, cette armée,
Ce sénat insultant à la terre opprimée,
Ces vaincus envoyés du spectacle au cercueil;
Ces triomphes de Rome étaient ceux de l'orgueil:
Le vôtre est de l'amour, et la gloire en est pure;
Un jour les effaçait, le vôtre à jamais dure;
Ils effrayaient le monde, et vous le rassurez:
Vous, l'image des dieux sur la terre adorés,
Vous, que dans l'âge d'or elle eût choisi pour maitre,
Goûtez les jours heureux que vos soins font renaître;
Que la paix florissante embellisse leur cours.
Mars fait des jours brillants, la paix fait les beaux jours;
Qu'elle vole à la voix du vainqueur qui l'appelle,
Et qui n'a combattu que pour nous et pour elle!

LIX. AU ROI DE PRUSSE.

FRAGMENT.

. . . .
. . . .

An ! mon prince, c'est grand dommage
Que vous n'ayez point votre image ;
Un fils par la gloire animé,
Un fils par vous accoutumé
A rogner ce grand héritage
Que l'Autriche s'était formé.
Il est doux de se reconnaître
Dans sa noble postérité ;
Un grand homme en doit faire naître :
Voyez comme le roi mon maître
De ce devoir s'est acquitté.
Son dauphin, comme vous, appelle
Auprès de lui les plus beaux arts
De le Brun, de Lulli, d'Handelle,
Tout aussi-bien que ceux de Mars :
Il apprit la langue espagnole;
Il entend celle des Césars,
Mais des Césars du capitole.
Vous me demanderez comment
Dans le beau printemps de sa vie
Un dauphin peut en savoir tant;
Qui fut son maître? le génie :
Ce fut là votre précepteur.
Je sais bien qu'un peu de culture
Rend encor le terrain meilleur;
Mais l'art fait moins que la nature.

LX. AU ROI DE PRUSSE.

J'ai donc vu ce Postdam, et je ne vous vois pas ;
On dit qu'ainsi que moi vous prenez médecine.
Que de conformités m'attachent sur vos pas !
 Le dieu de la double colline,
L'amour de tous les arts, la haine des dévots ;
Raisonner quelquefois sur l'essence divine ;
 Peu hanter nosseigneurs les sots ;
Au corps comme à l'esprit donner peu de repos ;
 Mettre l'ennui toujours en fuite ;
Manger trop quelquefois, et me purger ensuite ;
Savourer les plaisirs, et me moquer des maux ;
Sentir et réprimer ma vive impatience :
Voilà quel est mon lot, voilà ma ressemblance
 Avec mon aimable héros.
O vous, maîtres du monde, ô vous rois que j'atteste,
Indolents dans la paix, ou de sang abreuvés....
 Ressemblez-lui dans tout le reste.

LXI. AU ROI DE PRUSSE,

qui avait adressé des vers à l'auteur, sur ces rimes redou-
blées. (1747.)

Lorsque deux rois s'entendent bien,
Quand chacun d'eux défend son bien,
Et du bien d'autrui fait ripaille ;
Quand un des deux, roi très chrétien,
L'autre qui l'est vaille que vaille,
Prennent des murs, gagnent bataille,
Et font sur le bord stygien
Voler des pandours la canaille ;
Quand Berlin rit avec Versaille

Aux dépens de l'Hanovrien,
Que dit monsieur l'Autrichien?
Tout honteux il faut qu'il s'en aille
Loin du monarque prussien,
Qui le bat, le suit, et s'en raille.
Cela pourra gâter la taille
De ce gros monsieur Bārtenstein,
Et rabaïsser ce ton hautain
Qui toujours contre vous criaille.
C'est en vain que l'Anglais travaille
A combattre votre destin;
Vous aurez l'huître et lui l'écaille;
Vous aurez le fruit et le grain,
Et lui l'écorce avec la paille.
Le Saxon voit que c'est en vain
Qu'un petit moment il ferraille :
Contre un aussi mauvais voisin
Que peut-il faire? rien qui vaille.
Vous seriez empereur romain
Et du pape premiere ouaille,
Si vous en aviez le dessein;
Mais votre pouvoir souverain
Subsistera pour le certain
Sans cette belle pretintaille.
Soyez l'arbitre du Germain,
Soyez toujours vainqueur humain,
Et laissez là la rime en aille.

━━━━━━━━━━━━━━━━━━━━━━━━━━━━

LXII.   A SON ALTESSE SERENISSIME

MADAME LA DUCHESSE DU MAINE,

sur la victoire remportée par le roi, à Lawfelt. (1747.)

Auguste fille et meré de héros,
Vous ranimez ma voix faible et cassée,

Et vous voulez que ma muse lassée
Comme Louis ignore le repos.
D'un crayon vrai vous m'ordonnez de peindre
Son cœur modeste et ses brillants exploits,
Et Cumberland que l'on a vu deux fois
Chercher ce roi, l'admirer, et le craindre :
Mais des bons vers l'heureux temps est passé ;
L'art des combats est l'art où l'on excelle :
Notre Alexandre en vain cherche un Apelle ;
Louis s'éleve, et le siecle est baissé.
De Fontenoi le nom plein d'harmonie
Pouvait au moins seconder le génie ;
Boileau pâlit au seul nom de Voërden ;
Que dirait-il si non loin d'Helderen
Il eût fallu suivre entre les deux Nethes
Bathiani si savant en retraites,
Avec d'Estrée à Rosmal s'avancer ?
La gloire parle, et Louis me réveille :
Le nom du roi charme toujours l'oreille ;
Mais que Lawfelt est rude à prononcer !
Et quel besoin de nos panégyriques,
Discours en vers, épîtres héroïques,
Enregistrés, visés par Crébillon,
Signés Marville, et jamais Apollon ?
   De votre fils je connais l'indulgence,
Il recevra sans courroux mon encens ;
Car la bonté, la sœur de la vaillance,
De vos aïeux passa dans vos enfants :
Mais tout lecteur n'est pas si débonnaire :
Et si j'avais, peut-être téméraire,
Représenté vos fiers carabiniers,
Donnant l'exemple aux plus braves guerriers ;
Si je peignais ce soutien de nos armes,
Ce petit-fils, ce rival de Condé ;
Du dieu des vers si j'étais secondé
Comme il le fut par le dieu des alarmes,

Plus d'un censeur encore avec dépit
M'accuserait d'en avoir trop peu dit.
Très peu de gré, mille traits de satire
Sont le loyer de quiconque ose écrire ;
Mais pour son prince il faut savóir souffrir :
Il est par-tout des risques à courir ;
Et la censure avec plus d'injustice
Va tous les jours acharner sa malice
Sur des héros dont la fidélité
L'a mieux servi que je ne l'ai chanté.

    Allons, parlez, ma noble académie ;
Sur vos lauriers êtes-vous endormie ?
Représentez ce conquérant humain
Offrant la paix le tonnerre à la main :
Ne louez point, auteurs, rendez justice ;
Et comparant aux siecles reculés
Le siecle heureux, les jours dont vous parlez,
Lisez César, vous connaîtrez Maurice.

    Si de l'état vous aimez les vengeurs,
Si la patrie est vivante en vos cœurs,
Voyez ce chef dont l'active prudence
Venge à la fois Gênes, Parme, et la France ;
Chantez Belle-Isle ; élevez dans vos vers
Un monument au généreux Boufflers ;
Il est du sang qui fut l'appui du trône ;
Il eût pu l'être, et la faux du trépas
Tranche ses jours échappés à Bellone
Au sein des murs délivrés par son bras.
Mais quelle voix assez forte, assez tendre,
Saura gémir sur l'héroïque cendre
De ces héros que Mars priva du jour
Aux yeux d'un roi leur pere et leur amour ?
O vous, sur-tout, infortuné Baviere,
Jeune Froulai, si digne de nos pleurs,
Qui chantera votre vertu guerriere ?
Sur vos tombeaux qui répandra des fleurs ?

Anges des cieux, puissances immortelles
Qui présidez à nos jours passagers,
Sauvez Lautrec au milieu des dangers;
Mettez Ségur à l'ombre de vos ailes.
Déja Rocou vit déchirer son flanc :
Ayez pitié de cet âge si tendre;
Ne versez pas le reste de ce sang
Que pour Louis il brûle de répandre;
De cent guerriers couronnez les beaux jours:
Ne frappez pas Bonac et d'Aubeterre,
Plus accablés sous de cruels secours
Que sous les coups des foudres de la guerre.

Mais, me dit-on, faut-il à tout propos
Donner en vers des listes de héros?
Sachez qu'en vain l'amour de la patrie
Dicte vos vers au vrai seul consacrés;
On flatte peu ceux qu'on a célébrés,
On déplaît fort à tous ceux qu'on oublie.

Ainsi toujours le danger suit mes pas;
Il faut livrer presque autant de combats
Qu'en a causés sur l'onde et sur la terre
Cette balance utile à l'Angleterre.

Cessez, cessez, digne sang de Bourbon,
De ranimer mon timide Apollon,
Et laissez-moi tout entier à l'histoire ;
C'est là qu'on peut, sans génie et sans art,
Suivre Louis de l'Escaut jusqu'au Jart:
Je dirai tout, car tout est à sa gloire :
Il fait la mienne, et je me garde bien
De ressembler à ce grand satirique,
De son héros discret historien,
Qui pour écrire un beau panégyrique
Fut bien payé, mais qui n'écrivit rien.

LXIII. A M. le duc DE RICHELIEU.

Dans vos projets étudiés
Joignant la force et l'artifice,
Vous devenez donc un Ulysse
D'un Achille que vous étiez.
Les intérêts des deux couronnes
Sont soutenus par vos exploits;
Et des fiers tyrans du Génois
On vous a vu prendre à la fois
Et les postes et les personnes.
L'ennemi, par vous déposté,
Admire votre habileté.
En pareil cas·quelque Voiture
Vous dirait qu'on vous vit toujours,
Auprès de Mars et des Amours,
Dans la plus brillante posture.
Ainsi jadis on s'exprimait
Dans la naissante académie
Que votre grand-oncle formait;
Mais la vieille dame endormie
Dans le sein d'un triste repos
Semble renoncer aux bons mots,
Et peut-être même au génie.
Mais quand vous viendrez à Paris,
Après plus d'un beau poste pris,
Il faudra bien qu'on vous harangue
Au nom du corps des beaux esprits
Et des maîtres de notre langue.
Revenez bientôt essuyer
Ces fadeurs qu'on nomme éloquence ·
Et donnez-moi la préférence.
Quand il faudra vous ennuyer.

LXIV. A Madame DENIS,

niece de l'auteur.

LA VIE DE PARIS ET DE VERSAILLES.

Vivons pour nous, ma chere Rosalie ;
Que l'amitié, que le sang qui nous lie
Nous tienne lieu du resté des humains :
Ils sont si sots, si dangereux, si vains!
Ce tourbillon qu'on appelle le monde
Est si frivole, en tant d'erreurs abonde,
Qu'il n'est permis d'en aimer le fracas
Qu'à l'étourdi qui ne le connaît pas.
   Après diné, l'indolente Glycere
Sort pour sortir, sans avoir rien à faire :
On a conduit son insipidité
Au fond d'un char, où, montant de côté,
Son corps pressé gémit sous les barrieres
D'un lourd panier qui flotte aux deux portieres ;
Chez son amie au grand trot elle va,
Monte avec joie, et s'en repent déja,
L'embrasse, et bâille, et puis lui dit : Madame,
J'apporte ici tout l'ennui de mon ame;
Joignez un peu votre inutilité
A ce fardeau de mon oisiveté.
Si ce ne sont ses paroles expresses
C'en est le sens. Quelques feintes caresses,
Quelques propos sur le jeu, sur le temps,
Sur un sermon, sur le prix des rubans,
Ont épuisé leurs ames excédées :
Elles chantaient déja, faute d'idées;
Dans le néant leur cœur est absorbé,
Quand dans la chambre entre monsieur l'abbé.
Fade plaisant, galant escroc, et prêtre,

Et du logis pour quelques mois le maître.
Vient à la piste un fat en manteau noir
Qui se rengorge et se lorgne au miroir.
Nos deux pédants sont tous deux sûrs de plaire :
Un officier arrive et les fait taire,
Prend la parole, et conte longuement
Ce qu'à Plaisance eût fait son régiment
Si par malheur on n'eût pas fait retraite;
Il vous le mene au col de la Boquette;
A Nice, au Var, à Digne il le conduit :
Nul ne l'écoute, et le cruel poursuit.
Arrive Isis, dévote au maintien triste,
A l'air sournois ; un petit janséniste,
Tout plein d'orgueil et de saint Augustin,
Entre avec elle en lui serrant la main.
    D'autres oiseaux de différent plumage,
Divers dé goût, d'instinct, et de ramage,
En sautillant font entendre à la fois
Le gazouillis de leurs confuses voix ;
Et dans les cris de la folle cohue
La médisance est à peine entendue.
Ce chamaillis de cent propos croisés
Ressemble aux vents l'un à l'autre opposés.
Un profond calme, un stupide silence
Succede au bruit de leur impertinence :
Chacun redoute un honnête entretien ;
On veut penser, et l'on ne pense à rien.
O roi David ! ô ressource assurée !
Viens ranimer leur langueur désœuvrée;
Grand roi David, c'est toi dont les sixains
Fixent l'esprit et le goût des humains !
Sur un tapis dès qu'on te voit paraitre,
Noble, bourgeois, clerc, prélat, petit-maître,
Femme sur-tout, chacun met son espoir
Dans tes cartons peints de rouge et de noir ;
Leur ame vide est du moins amusée

Par l'avarice en plaisir déguisée.

De ces exploits le beau monde occupé
Quitte à la fin le jeu pour le soupé ;
Chaque convive en liberté déploie
A son voisin son insipide joie.
L'homme machine, esprit qui tient du corps,
En bien mangeant remonte ses ressorts ;
Avec le sang l'ame se renouvelle,
Et l'estomac gouverne la cervelle.
Ciel, quels propos ! ce pédant du palais
Blâme la guerre, et se plaint de la paix ;
Ce vieux Crésus, en sablant du champagne,
Gémit des maux que souffre la campagne ;
Et cousu d'or, dans le luxe plongé,
Plaint le pays de tailles surchargé.
Monsieur l'abbé vous entame une histoire
Qu'il ne croit point et qu'il veut faire croire :
On l'interrompt par un propos du jour
Qu'un autre conte interrompt à son tour ;
Des froids bons mots, des équivoques fades,
Des quolibets et des turlupinades,
Un rire faux, que l'on prend pour gaîté,
Font le brillant de la société.

C'est donc ainsi, troupe absurde et frivole,
Que nous usons de ce temps qui s'envole ;
C'est donc ainsi que nous perdons des jours ,
Longs pour les sots, pour qui pense si courts !

Mais que ferai-je ? où fuir loin de moi-même ?
Il faut du monde : on le condamne, on l'aime ;
On ne peut vivre avec lui ni sans lui :
Notre ennemi le plus grand c'est l'ennui.
Tel qui chez soi se plaint d'un sort tranquille
Vole à la cour, dégoûté de la ville :
Si dans Paris chacun parle au hasard,
Dans cette cour on se tait avec art,
Et de la joie ou fausse ou passagere

On n'a pas même une image légere.
Heureux qui peut de son maître approcher!
Il n'a plus rien désormais à chercher;
Mais Jupiter au fond de l'empyrée,
Cache aux humains sa présence adorée :
Il n'est permis qu'à quelques demi-dieux
D'entrer le soir aux cabinets des cieux.....
Faut-il aller, confondu dans la presse,
Prier les dieux de la seconde espece
Qui des mortels font le mal ou le bien?
Comment aimer des gens qui n'aiment rien,
Et qui, portés sur ces rapides spheres
Que la fortune agite en sens contraires,
L'esprit troublé de ce grand mouvement,
N'ont pas le temps d'avoir un sentiment?
A leur lever pressez-vous pour attendre,
Pour leur parler sans vous en faire entendre,
Pour obtenir, après trois ans d'oubli,
Dans l'antichambre un refus très poli.
Non, dites-vous, la cour ni le beau monde
Ne sont point faits pour celui qui les fronde :
Fuis pour jamais ces puissants dangereux ;
Fuis les plaisirs qui sont trompeurs comme eux.
Bon citoyen, travaille pour la France,
Et du public attends ta récompense.
Qui? le public, ce fantôme inconstant,
Monstre à cent voix, Cerbere dévorant,
Qui flatte et mord; qui dresse par sottise
Une statue, et par dégoût la brise!
Tyran jaloux de quiconque le sert,
Il profana la cendre de Colbert,
Et, prodiguant l'insolence et l'injure,
Il a flétri la candeur la plus pure;
Il juge, il loue, il condamne au hasard
Toute vertu, tout mérite, et tout art;
C'est lui qu'on vit, de critiques avide,

Déshonorer le chef-d'œuvre d'Armide;
Et pour Judith, Pirame, et Régulus,
Abandonner Phedre et Britannicus;
Lui qui dix ans proscrivit Athâlie;
Qui, protecteur d'une scene avilie,
Frappant des mains, bat à tort à travers
Au mauvais sens qui hurle en mauvais vers.
    Mais il revient, il répare sa honte;
Le temps l'éclaire: oui, mais la mort plus prompte
Ferme mes yeux dans ce siecle pervers
En attendant que les siens soient ouverts
Chez nos neveux où me rendra justice;
Mais, moi vivant, il faut que je jouisse.
Quand dans la tombe un pauvre homme est inclus,
Qu'importe un bruit, un nom qu'on n'entend plus?
L'ombre de Pope avec les rois repose,
Un peuple entier fait son apothéose,
Et son nom vole à l'immortalité;
Quand il vivait il fut persécuté.
    Ah! cachons-nous; passons avec les sages
Le soir serein d'un jour mêlé d'orages,
Et dérobons à l'œil de l'envieux
Le peu de temps que me laissent les dieux.
Tendre amitié, don du ciel, beauté pure,
Porte un jour doux dans ma retraite obscure;
Puissé-je vivre et mourir dans tes bras,
Loin du méchant qui ne te connaît pas,
Loin du bigot dont la peur dangereuse
Corrompt la vie, et rend la mort affreuse!

LXV. A M. LE COMTE ALGAROTTI.

(1747.)

O détestable Westphalie,
Vous n'avez chez vous ni vin frais,

Ni lits, ni servante jolie; . . . .
De couvents vous êtes remplie,
Et vous manquez de cabarets.
Quiconque veut vivre sans boire,
Et sans dormir , et sans manger,
Fera très bien de voyager,
Dans votre chien de territoire.

    Monsieur l'évêque de Munster,
Vous, tondez donc votre province?
Pour le peuple est l'âge de fer,
Et l'âge d'or est pour le prince.
Je vois bien maintenant pourquoi
Dans cette maudite contrée :
On donna la paix et la loi
A l'Allemagne déchirée:
Du très saint empire romain
Les sages plénipotentiaires,
Dégoûtés de tant de miseres,
Voulurent en partir soudain,
Et se hâterent de conclure
Un traité fait à l'aventure,
Dans la peur de mourir de faim.

    Ce n'est pas de même à Berlin;
Les beaux arts, la magnificence,
La bonne chere, l'abondance,
Y font oublier le destin
De l'Italie et de la France.
De l'Italie! Algarotti,
Comment trouvez-vous ce langage?
Je vous vois, frappé de l'outrage,
Me regarder en ennemi.
Modérez ce bouillant courage,
Et répondez-nous en ami.
Vos pantalons à robe large,
Un palais sans cour et sans parc,
Où végete un doge inutile;

Un vieux manuscrit d'évangile
Griffonné, dit-on, par saint Marc ;
Vos nobles avec prud'hommie
Allant du sénat au marché
Chercher pour deux sous d'eau-de-vie :
Un peuple mou, faible, entiché
D'ignorance et de fourberie,
Au fessier souvent ébréché,
Grace aux efforts du vieux péché
Que l'on appelle sodomie :
Voilà le portrait ébauché
De la très noble seigneurie.

Or cela vaut-il, je vous prie,
Notre adorable Frédéric,
Ses vertus, ses goûts, sa patrie ?
J'en fais juge tout le public.

LXVI. A M. LE PRÉSIDENT HENAULT.

Lunéville, novembre 1748.

Vous qui de la chronologie
Avez réformé les erreurs ;
Vous dont la main cueillit les fleurs
De la plus belle poésie ;
Vous qui de la philosophie
Avez sondé les profondeurs,
Malgré les plaisirs séducteurs
Qui partagerent votre vie ;
Hénault, dites-moi, je vous prie,
Par quel art, par quelle magie,
Parmi tant de succès flatteurs,
Vous avez désarmé l'Envie ;
Tandis que moi, placé plus bas,

Qui devrais être inconnu d'elle,
Je vois chaque jour la cruelle
Verser ses poisons sur mes pas.
Il ne faut point s'en faire accroire;
J'eus l'air de vouloir m'afficher
Aux murs du temple de Mémoire;
Aux sots vous sûtes vous cacher:
Je parus trop chercher la gloire,
Et la gloire vint vous chercher.

Qu'un chêne, l'honneur d'un bocage,
Domine sur mille arbrisseaux,
On respecte ses verds rameaux
Et l'on danse sous son ombrage;
Mais que du tapis d'un gazon
Quelque brin d'herbe ou de fougere
S'éleve un peu sur l'horizon,
On l'en arrache avec colere.
Je plains le sort de tout auteur
Que les autres ne plaignent gueres;
Si dans ses travaux littéraires
Il veut goûter quelque douceur,
Que des beaux esprits serviteur
Il évite ses chers confreres.
Montagne, cet auteur charmant,
Tour à tour profond et frivole,
Dans son château paisiblement,
Loin de tout frondeur malévole,
Doutait de tout impunément,
Et se moquait très librement
Des bavards fourrés de l'école;
Mais quand son éleve Charron,
Plus retenu, plus méthodique,
De sagesse donna leçon,
Il fut près de périr, dit-on,
Par la haine théologique.
Les lieux, les temps, l'occasion,

Lisez seulement mes folies,
Mes vers qui n'ont loué jamais
Que les trop dangereux attraits
Du dieu du vin et des Sylvies :
Ces sujets ont toujours tenté
Les héros de l'antiquité
Comme ceux du siecle où nous sommes :
Pour qui sera la volupté
S'il en faut priver les grands hommes?

LXVIII. A M. le duc DE RICHELIEU,

à qui le sénat de Gênes avait érigé une statue.

Lunéville, novembre 1748.

Je la verrai cette statue
Que Gêne éleve justement
Au héros qui l'a défendue.
Votre grand-oncle, moins brillant,
Vit sa gloire moins étendue;
Il serait jaloux à la vue
De cet unique monument.
 Dans l'âge frivole et charmant
Où le plaisir seul est d'usage,
Où vous reçûtes en partage
L'art de tromper si tendrement,
Pour modeler ce beau visage
Qui de Vénus ornait la cour,
On eût prit celui de l'Amour,
Et sur-tout de l'Amour volage;
Et quelques traits moins enfantins
Auraient été la vive image
Du dieu qui préside aux jardins.
Ce double et charmant avantage
Peut diminuer à la fin;

Mais la gloire augmente avec l'âge.
Du sculpteur la modesté main
Vous fera l'air moins libertin;
C'est de quoi mon héros enrage.
On ne peut filer tous ses jours
Sur le trône heureux des amours ;
Tous les plaisirs sont de passage;
Mais vous saurez réguer toujours
Par l'esprit et par le courage.
Les traits du Richélieu coquet,
De cette aimable créature,
Se trouveront en miniature
Dans mille boites à portrait
Où Macé mit votre figure;
Mais ceux du Richelieu vainqueur,
Du héros soutien de nos armes,
Ceux du pere, du défenseur
D'une république en alarmes,
Ceux de Richelieu son vengeur
Ont pour moi cent fois plus de charmes.
 Pardon; je sens tous les travers
De la morale où je m'engage :
Pardon; vous n'êtes pas si sage
Que je le prétends dans ces vers.
Je ne veux pas que l'univers
Vous croie un grave personnage.
Après ce jour de Fontenoi
Où couvert de sang et de poudre
On vous vit ramener la foudre,
Et la victoire à votre roi,
Lorsque, prodiguant votre vie,
Vous eûtes fait pâlir d'effroi
Les Anglais, l'Autriche, et l'Envie,
Vous revîntes vîte à Paris
Mêler les myrtes de Cypris
A tant de palmes immortelles.

Pour vous seul , à ce que je vois ,
Le Temps et l'Amour n'ont point d'ailes ;
Et vous servez encor les belles ,
Comme la France et les Génois.

~~~~~~

LXIX. A M. D'ARNAUD.
(1750.)

Enfin d'Arnaud , loin de Manon ,
S'en va, dans sa tendre jeunesse ,
A Berlin chercher la sagesse
Près de Frédéric-Apollon.
Ah ! j'aurais bien plus de raison
D'en faire autant dans ma vieillesse.
Il va donc goûter le bonheur
De voir ce brillant phénomene ,
Ce conquérant législateur
Qui sut chasser de son domaine
Tout dévot et tout procureur ,
Deux fléaux de l'engeance humaine.
Il verra couler dans Berlin
Les belles eaux de l'Hippocrene ;
Non pas comme dans ce jardin
Où l'art avec effort amene
Les Naïades de Saint-Germain ,
Et le fleuve entier de la Seine
Fort étonné de son chemin ;
Mais par un art bien plus divin ,
Par le pouvoir de ce génie
Qui sans effort tient sous sa main
Toute la nature embellie.
Mon d'Arnaud est donc appelé
Dans ce séjour que l'on renomme ;
Et tandis qu'un troupeau zélé
De pèlerins au front pelé

Court à pied dans les murs de Rome,
Pour voir un triste jubilé,
L'heureux d'Arnaud voit un grand homme.

LXX. AU ROI DE PRUSSE.

(1750.)

Ainsi, dans vos galants écrits
Qui vont courant toute la France,
Vous flattez donc l'adolescence
De ce d'Arnaud que je chéris,
Et lui montrez ma décadence.
Je touche à mes soixante hivers ;
Mais quand tant de lauriers divers
S'accumulent sur votre tête
Par vos exploits et par vos vers,
Grand prince, il n'est pas fort honnête
De dépouiller mes cheveux blancs
De quelques feuilles négligées
Que déja l'Envie et le Temps
Ont de leurs détestables dents
Sur mon front à demi rongées.
Quel diable de Marc-Antonin !
Et quelle malice est la vôtre !
Vous égratignez d'une main
Lorsque vous caressez de l'autre.
Croyez, s'il vous plaît, que mon cœur,
En dépit de mes onze lustres,
Conserve encore quelque ardeur,
Et c'est pour les hommes illustres.
     L'esprit baisse ; mes sens glacés
Cedent au temps impitoyable,
Comme des convives lassés
D'avoir trop long-temps tenu table ;

Mais mon cœur est inépuisable,
Et c'est vous qui le remplissez.

***

LXXI. A M. HELVETIUS.

QUE toujours de ses douces lois
Le dieu des vers vous endoctrine;
Qu'à vos chants il joigne sa voix,
Tandis que de sa main divine
Il accordera sous vos doigts,
La lyre agréable et badine
Dont vous vous servez quelquefois;
Que l'Amour, encor plus facile,
Préside à vos galants exploits,
Comme Phébus à votre style;
Et que Plutus, ce dieu sournois,
Mais aux autres dieux très utile,
Rende par maints écus tournois
Les jours que la Parque vous file
Des jours plus heureux mille fois
Que ceux d'Horace et de Virgile.

***

LXXII. A M. LE COMTE DE TRESSAN.

TRESSAN, l'un des grands favoris
Du dieu qui fait qu'on est aimable,
Du fond des jardins de Cypris,
Sans peine et par la main des Ris,
Vous cueillez ce laurier durable
Qu'à peine un auteur misérable,
A son dur travail attaché,
Sur le haut du Pinde perché,

Arrache en se donnant au diable.

Vous rendez les amants jaloux ;
Les auteurs vont être en alarmes ;
Car vos vers se sentent des charmes
Que l'Amour a versés sur vous.

. Tressan, comment pouvez-vous faire
Pour mettre si facilement
Les neuf Pucelles dans Cythère,
Et leur donner votre enjouement?
Ah! prêtez-moi votre art charmant,
Prêtez-moi votre main légère ;
Mais ce n'est pas petite affaire
De prétendre vous imiter :
Je peux tout au plus vous chanter ;
Mais les dieux vous ont fait pour plaire.
. · Je vous reconnais à ce ton
Si doux, si tendre, et si facile :
En vain vous cachez votre nom ;
Enfant d'Amour et d'Apollon,
On vous devine à votre style.

LXXIII. A M. DESMAHIS.

(1750.)

Vos jeunes mains cueillent des fleurs
Dont je n'ai plus que les épines ;
Vous dormez dessous les courtines
Et des Graces et des neuf Sœurs :
Je leur fais encor quelques mines,
Mais vous possédez leurs faveurs.

Tout s'éteint, tout s'use, tout passe;
Je m'affaiblis, et vous croissez;
Mais je descendrai du Parnasse
Content, si vous m'y remplacez.

Je jouis peu ; mais j'aime encore ;
Je verrai du moins vos amours ;
Le crépuscule de mes jours
S'embellira de votre aurore.
Je dirai : Je fus comme vous ;
C'est beaucoup me vanter peut-être ;
Mais je ne serai point jaloux :
Le plaisir permet-il de l'être ?

LXXIV. A M. LE CARDINAL QUIRINI.

Berlin, 1751.

Quoi vous voulez donc que je chante
Ce temple orné par vos bienfaits,
Dont aujourd'hui Berlin se vanté !
Je vous admire, et je me tais.
Comment sur les bords de la Sprée,
Dans cette infidele contrée
Où de Rome on brave les lois,
Pourrai-je élever une voix
A des cardinaux consacrée ?
Eloigné des murs de Sion,
Je gémis en bon catholique.
Hélas ! mon prince est hérétique,
Et n'a point de dévotion.
Je vois avec componction
Qué dans l'infernale séquelle
Il sera près de Cicéron,
Et d'Aristide et de Platon,
Ou vis-à-vis de Marc-Aurele.
On sait que ces esprits fameux
Sont punis dans la nuit profonde ;
Il faut qu'il soit damné comme eux,

Puisqu'il vit comme eux dans ce monde.
Mais sur-tout que je suis fâché
De le voir toujours entiché
De l'énorme et cruel péché
Que l'on nomme la tolérance!
Pour moi, je frémis quand je pense
Que le musulman, le païen,
Le quakre, et le luthérien,
L'enfant de Geneve, et de Rome,
Chez lui tout est reçu si bien,
Pourvu que l'on soit honnête homme.
Pour comble de méchanceté,
Il a su rendre ridicule
Cette sainte inhumanité,
Cette haine dont sans scrupule
S'arme le dévot entêté,
Et dont se raille l'incrédule.
Que ferai-je, grand cardinal,
Moi chambellan très inutile
D'un prince endurci dans le mal,
Et proscrit dans notre évangile?
   Vous dont le front prédestiné
A nos yeux doublement éclate;
Vous dont le chapeau d'écarlate
Des lauriers du Pinde est orné;
Qui, marchant sur les pas d'Horace,
Et sur ceux de saint Augustin,
Suivez le raboteux chemin
Du Paradis et du Parnasse,
Convertissez ce rare esprit;
C'est à vous d'instruire et de plaire;
Et la grace de Jésus-Christ
Chez vous brille en plus d'un écrit
Avec les trois Graces d'Homere.

LXXV.   AU ROI DE PRUSSE.

Blaise Pascal a tort, il en faut convenir :
Ce pieux misanthrope, Héraclite sublime,
Qui pense qu'ici-bas tout est misere et crime,
Dans ses tristes accès ose nous maintenir
Qu'un roi que l'on amuse, et même un roi qu'on aime,
  Dès qu'il n'est plus environné,
  Dès qu'il est réduit à lui-même,
Est de tous les mortels le plus infortuné.
Il est le plus heureux s'il s'occupe et s'il pense.
Vous le prouvez très bien ; car loin de votre cour,
En hibou fort souvent renfermé tout le jour,
Vous percez d'un œil d'aigle en cet abyme immense
Que la philosophie ouvre à nos faibles yeux ;
  Et votre esprit laborieux,
Qui sait tout observer, tout orner, tout connaître,
Qui se connaît lui-même, et qui n'en vaut que mieux,
Par ce mâle exercice augmente encor son être.
Travailler est le lot et l'honneur d'un mortel.
Le repos est, dit-on, le partage du ciel ;
Je n'en crois rien du tout : quel bien imaginaire
D'être les bras croisés pendant l'éternité !
Est-ce dans le néant qu'est la félicité ?
Dieu serait malheureux s'il n'avait rien à faire ;
Il est d'autant plus Dieu qu'il est plus agissant.
Toujours, ainsi que vous, il produit quelque ouvrage :
On prétend qu'il fait plus, on dit qu'il se repent.
Il préside au scrutin qui dans le Vatican
Met sur un front ridé la coiffe à triple étage :
Du prisonnier Mahmoud il vous fait un sultan :
Il mûrit à Moka, dans le sable arabique,
Ce café nécessaire au pays des frimas ;

Il met la fievre en nos climats,
Et le remede en Amérique :
Il a rendu l'humain séjour
De la variété le mobile théâtre :
Il se plut à pétrir d'incarnat et d'albâtre
Les charmes arrondis du sein de Pompadour,
Tandis qu'il vous étend un noir luisant d'ébene
Sur le nez applati d'une dame africaine
Qui ressemble à la nuit, comme l'autre au beau jour.
Dieu se joue à son gré de la race mortelle ;
Il fait vivre cent ans le normand Fontenelle,
Et trousse à trente-neuf mon dévot de Pascal.
Il a deux gros tonneaux d'où le bien et le mal
        Descendent en pluie éternelle
Sur cent mondes divers et sur chaque animal :
Les sots, les gens d'esprit, et les fous, et les sages,
Chacun reçoit sa dose, et le tout est égal.
On prétend que de Dieu les rois sont les images ;
        Les Anglais pensent autrement :
        Ils disent en plein parlement
Qu'un roi n'est pas plus Dieu que le pape infaillible.
        Mais il est pourtant très plausible
Que ces puissants du siecle, un peu trop adorés,
A la faiblesse humaine ainsi que nous livrés,
Ressemblent en un point à notre commun maitre ;
C'est qu'ils font comme lui le mal et le bien-être ;
Ils ont les deux tonneaux. Bouchez-moi pour jamais
Le tonneau des dégoûts, des chagrins, des caprices,
Dont on voit tant de cours s'abreuver à longs traits :
        Répandez de pures délices
Sur votre peu d'élus à vos banquets admis ;
Que leurs fronts soient sereins, que leurs cœurs soient
        unis ;
Au feu de votre esprit que notre esprit s'éclaire ;
Que sans empressement nous cherchions à vous plaire ;
        Qu'en dépit de la majesté

11.

Notre agréable liberté,
Compagne du plaisir, mere de la saillie,
Assaisonne avec volupté
Les ragoûts de votre ambrosie.
Les honneurs rendent vain, le plaisir rend heureux.
Versez les douceurs de la vie
Sur votre Olympe sablonneux,
Et que le bon tonneau soit à jamais sans lie.

~~~~~~

LXXVI. L'AUTEUR

arrivant dans sa terre, près du lac de Geneve.

Mars 1755.

O maison d'Aristippe, ô jardins d'Epicure,
Vous qui me présentez dans vos enclos divers
Ce qui souvent manque à mes vers,
Le mérite de l'art soumis à la nature;
Empire de Pomone et de Flore sa sœur,
Recevez votre possesseur;
Qu'il soit, ainsi que vous, solitaire et tranquille.
Je ne me vante point d'avoir en cet asyle
Rencontré le parfait bonheur;
Il n'est point retiré dans le fond d'un bocage;
Il est encor moins chez les rois;
Il n'est pas même chez le sage :
De cette courte vie il n'est point le partage;
Il faut y renoncer; mais on peut quelquefois
Embrasser au moins son image.

Que tout plaît en ces lieux à mes sens étonnés!
D'un tranquille océan l'eau pure et transparente
Baigne les bords fleuris de ces champs fortunés;
D'innombrables côteaux ces champs sont couronnés;

Bacchus les embellit; leur insensible pente
Vous conduit par degrés à ces monts sourcilleux
Qui pressent les enfers, et qui fendent les cieux.
Le voilà ce théâtre et de neige et de gloire,
Eternel boulevard qui n'a point gáranti
      Des Lombards le beau territoire.
Voilà ces monts affreux célébrés dans l'histoire,
Ces monts qu'ont traversés, par un vol si hardi,
Les Charles, les Othon. Catinat, et Conti,
      Sur les ailes de la victoire.
Au bord de cette mer où s'égarent mes yeux,
Ripaille, je te vois. O bizarre Amédée,
      Est-il vrai que dans ces beaux lieux,
Des soins et des grandeurs écartant toute idée,
Tu vécus en vrai sage, en vrai voluptueux,
Et que, lassé bientôt de ton doux hermitage,
Tu voulus être pape, et cessas d'être sage?
Lieux sacrés du repos, je n'en ferais pas tant;
Et malgré les deux clefs dont la vertu nous frappe,
      Si j'étais ainsi pénitent,
      Je ne voudrais point être pape.

Que le chantre flatteur du tyran des Romains,
L'auteur harmonieux des douces Géorgiques,
Ne vante plus ces lacs et leurs bords magnifiques,
Ces lacs que la nature a creusés de ses mains
      Dans les campagnes italiques.
Mon lac est le premier; c'est sur ces bords heureux
Qu'habite des humains la déesse éternelle,
L'ame des grands travaux, l'objet des nobles vœux,
Que tout mortel embrasse, ou desire, ou rappelle,
Qui vit dans tous les cœurs, et dont le nom sacré
Dans les coûrs des tyrans est tout bas adoré,
La liberté. J'ai vu cette déesse altiere,
Avec égalité répandant tous les biens,
Descendre de Morat en habit de guerriere,

Les mains teintes du sang des fiers Autrichiens,
   Et de Charles le téméraire.

Devant elle on portait ces piques et ces dards,
On traînait ces canons, ces échelles fatales
Qu'elle-même brisa, quand ses mains triomphales,
De Geneve en danger défendaient les remparts.
Un peuple entier la suit: sa naïve alégresse
Fait à tout l'Apennin répéter ses clameurs;
Leurs fronts sont couronnés de ces fleurs que la Grece
Aux champs de Marathon prodiguait aux vainqueurs;
C'est là leur diadème; ils en font plus de compte
Que d'un cercle à fleurons de marquis et de comte,
Et des larges mortiers à grands bords abattus,
Et de ces mitres d'or aux deux sommets pointus.
On ne voit point ici la grandeur insultante
     Portant de l'épaule au côté
     Un ruban que la vanité
     A tissu de sa main brillante;
     Ni la fortune insolente
     Repoussant avec fierté
     La priere humble et tremblante
     De la triste pauvreté.
On n'y méprise point les travaux nécessaires;
Les états sont égaux, et les hommes sont freres.

Liberté, liberté, ton trône est en ces lieux.
La Grece où tu naquis t'a pour jamais perdue,
   Avec ses sages et ses dieux;
Rome depuis Brutus ne t'a jamais revue;
Chez vingt peuples polis à peine es-tu connue.
Le Sarmate à cheval t'embrasse avec fureur;
Mais le bourgeois à pied, rampant dans l'esclavage,
Te regarde, soupire, et meurt dans la douleur.
L'Anglais, pour te garder, signala son courage;
Mais on prétend qu'à Londre on te vend quelquefois;

Non, je ne le crois point; ce peuple fier et sage
Te paya de son sang, et soutiendra tes droits.
Aux marais du Batave on dit que tu chancelles;
Tu peux te rassurer : la race des Nassaux,
Qui dressa sept autels à tes lois immortelles,
   Maintiendra de ses mains fideles
  Et tes honneurs et tes faisceaux.
Venise te conserve, et Gênes t'a reprise.
Tout à côté du trône à Stockholm on t'a mise :
Un si beau voisinage est souvent dangereux.
Préside à tout état où la loi t'autorise,
   Et restes-y si tu le peux.

Ne va plus, sous les noms et de ligue et de fronde,
Protectrice funeste en nouveautés féconde,
Troubler les jours brillants d'un peuple de vainqueurs,
Gouverné par les lois, plus encor par les mœurs :
   Il chérit la grandeur suprême;
   Qu'a-t-il besoin de tes faveurs,
Quand son joug est si doux qu'on le prend pour toi-
mème?
Dans le vaste Orient ton sort n'est pas si beau.
Aux murs de Constantin, tremblante et consternée,
Sous les pieds d'un visir tu languis enchaînée
   Entre le sabre et le cordeau.
Chez tous les Levantins tu perdis ton chapeau :
Que celui du grand Tell orne en ces lieux ta tête.
Descends dans mes foyers en tes beaux jours de fête;
   Viens m'y faire un destin nouveau.
Embellis ma retraite où l'amitié t'appelle;
Sur de simples gazons viens t'asseoir avec elle.
Elle fuit comme toi les vanités des cours,
Les cabales du monde, et son regne frivole.
O deux divinités, vous êtes mon recours ;
L'une éleve mon ame, et l'autre la console;
   Présidez à mes derniers jours !

LXXVII. À M. DÉSMAHIS. (1756.)

Vous ne comptez pas trente hivers ;
Les graces sont votre partage,
Elles ont dicté vos beaux vers ;
Mais je ne sais par quel travers
Vous vous proposez d'être sage.
C'est un mal qui prend à mon âge,
Quand le ressort des passions,
Quand de l'amour la main divine,
Quand les belles tentations
Ne soutiennent plus la machine.
Trop tôt vous vous désespérez :
Croyez-moi, la raison sévere,
Qui trompe vos sens égarés,
N'est qu'une attaque passagere :
Vous êtes jeune et fait pour plaire,
Soyez sûr que vous guérirez.
Je vous en dirais davantage
Contre ce mal de la raison,
Que je hais d'un si bon courage ;
Mais je médite un gros ouvrage
Pour le vainqueur du Port Mahon.
Je veux peindre à ma nation
Ce jour d'éternelle mémoire.
Je dirai, moi qui sais l'histoire,
Qu'un géant nommé Gérion
Fut pris autrefois par Alcide
Dans la même isle, au même lieu
Où notre brillant Richelieu
A vaincu l'Anglais intrépide ;
Je dirai qu'ainsi que Paphos
Minorque à Vénus fut soumise :

Vous voyez bien que mon héros
Avait double droit à sa prise.
Je suis prophete quelquefois;
J'ai prédit ses heureux exploits,
Malgré l'envie et la critique;
Et l'on prétend que je lui dois
Encore une ode pindarique.
Mais les odes ont peu d'appas
Pour les guerriers et pour moi-même;
Et je conviens qu'il ne faut pas
Ennuyer les héros qu'on aime.

LXXVIII. A L'EMPEREUR (FRANÇOIS I),

ET L'IMPÉRATRICE, REINE DE HONGRIE,

sur l'inauguration de l'université de Vienne. (1756.)

QUAND un roi bienfaisant que ses peuples bénissent
Les a comblés de ses bienfaits,
Les autres nations à sa gloire applaudissent;
Les étrangers charmés deviennent ses sujets :
Tous les rois à l'envi vont suivre ses exemples ;
Il est le bienfaiteur du reste des mortels;
Et, tandis qu'aux beaux arts il éleve des temples,
Dans nos cœurs il a des autels.
Dans Vienne à l'indigence on donne des asyles,
Aux guerriers des leçons, des honneurs aux beaux
arts,
Et des secours aux arts utiles :
Connaissez à ces traits la fille des Césars.
Du Danube embelli les rives fortunées
Font retentir la voix des premiers des Germains :
Leurs chants sont parvenus aux Alpes étonnées,
Et l'écho les redit aux rivages romains.

Le Rhône impétueux, et la Tamise altiere,
    Répetent les mêmes accents.
Thérese et son époux ont dans l'Europe entiere
    Un concert d'applaudissements.
Couple auguste et chéri, recevez cet hommage
    Que cent nations ont dicté :
Pardonnez cet éloge, et souffrez ce langage
    En faveur de la vérité.

LXXIX. A M. LE DUC DE RICHELIEU,

sur la conquête de Mahon. (1756.)

DEPUIS plus de quarante années
Vous avez été mon héros ;
J'ai présagé vos destinées :
Ainsi quand Achille à Scyros
Paraissait se livrer en proie
Aux jeux, aux amours, au repos,
Il devait un jour sur les flots
Porter la flamme devant Troie :
Ainsi quand Phryné dans ses bras
Tenait le jeune Alcibiade,
Phryné ne le possédait pas ;
Et son nom fut dans les combats
Egal au nom de Miltiade.
Jadis les amants, les époux
Tremblaient en vous voyant paraitre ;
Près des belles et près du maître
Vous avez fait plus d'un jaloux ;
Enfin c'est aux héros à l'être.
C'est rarement que dans Paris,
Parmi les festins et les ris,
On démêle un grand caractere :

Le préjugé ne conçoit pas
Que celui qui sait l'art de plaire
Sache aussi sauver les états :
Le grand homme échappe au vulgaire.
Mais lorsqu'aux champs de Fontenoi
Il sert sa patrie et son roi,
Quand sa main des peuples de Gênes
Défend les jours et rompt les chaines,
Lorsqu'aussi prompt que les éclairs
Il chasse les tyrans des mers
Des murs de Minorque opprimée,
Alors ceux qui l'ont méconnu
En parlent comme son armée ;
Chacun dit : Je l'avais prévu ;
Le succès fait la renommée...
Homme aimable, illustre guerrier,
En tout temps l'honneur de la France,
Triomphez de l'Anglais altier,
De l'envie, et de l'ignorance.
Je ne sais si dans Port Mahon
Vous trouverez un statuaire :
Mais vous n'en avez plus affaire ;
Vous allez graver votre nom
Sur les débris de l'Angleterre ;
Il sera béni chez l'Ibère,
Et chéri dans ma nation.
Des deux Richelieu sur la terre
Les exploits seront admirés :
Déja tous deux sont comparés,
Et l'on ne sait qui l'on préfere.
    Le cardinal affermissait
Et partageait le rang suprême
D'un maître qui le haïssait ;
Vous vengez un roi qui vous aime.
Le cardinal fut plus puissant,
Et même un peu trop redoutable ;

Vous me paraissez bien plus grand,
Puisque vous êtes plus aimable.

LXXX. A M. le président HENAULT,

sur son ballet du Temple des Chimeres, mis en musique
par M. le duc de Nivernois, et représenté chez M. le
maréchal de Belle-Isle, en 1760.

Votre amusement lyrique
M'a paru du meilleur ton;
Si Linus fit la musique,
Les vers sont d'Anacréon.
L'Anacréon de la Grece
Vaut-il celui de Paris?
Il chanta la douce ivresse
De Silene et de Cypris;
Mais fit-il avec sagesse
L'histoire de son pays?
Après des travaux austeres,
Dans vos doux délassements
Vous célébrez les chimeres:
Elles sont de tous les temps,
Elles nous sont nécessaires:
Nous sommes de vieux enfants;
Nos erreurs sont nos lisieres;
Et les vanités légeres
Nous bercent en cheveux blancs.

LXXXI. A M. LE MARQUIS DE XIMENES,

qui lui avait adressé une épître. (1761.)

Vous flattez trop ma vanité :
Cet art si séduisant vous était inutile ;
L'art des vers suffisait, et votre aimable style
M'a lui seul assez enchanté.

Votre âge quelquefois hasarde ses prémices
En esprit ainsi qu'en amour :
Le temps ouvre les yeux, et l'on condamne un jour
De ses goûts passagers les premiers sacrifices :
A la moins aimable beauté
Dans son besoin d'aimer on prodigue son ame,
On prête des appas à l'objet de sa flamme;
Et c'est ainsi que vous m'avez traité.

Ah ! ne me quittez point, séducteur que vous êtes;
Ma muse a reçu vos serments. . . .
Je sens qu'elle est au rang de ces vieilles coquettes
Qui pensent fixer leurs amants.

LXXXII. A DAPHNE,

CÉLEBRE ACTRICE.

(1761.)

Belle Daphné, peintre de la nature,
Vous l'imitez et vous l'embellissez.
La voix, l'esprit, la grace, la figure,

Le sentiment n'est point encore assez :
Vous nous rendez ces prodiges d'Athene
Que le génie étalait sur la scene.

    Quand dans les arts de l'esprit et du goût
On est sublime, on est égal à tout;
Que dis-je? on regne, et d'un peuple fidele
On est chéri , sur-tout si l'on est belle.
O ma Daphné! qu'un destin si flatteur
Est différent du destin d'un auteur!

    Je crois vous voir sur ce brillant théâtre
Où tout Paris, de votre art idolâtre,
Porte en tribut son esprit et son cœur :
Vous récitez des vers plats et sans grace;
Vous leur donnez la force et la douceur;
D'un froid récit vous réchauffez la glace ;
Les contre-sens deviennent des raisons ;
Vous exprimez, par vos sublimes sons,
Par vos beaux yeux, ce que l'auteur veut dire ;
Vous lui donnez tout ce qu'il croit avoir;
Vous exercez un magique pouvoir
Qui fait aimer ce qu'on ne saurait lire :
On bat des mains, et l'auteur ébaudi
Se remercie et pense être applaudi.

    La toile tombe; alors le charme cesse :
Le spectateur apportait des présents
Assez communs de sifflets et d'encens ;
Il fait deux lots quand il sort de l'ivresse,
L'un pour l'auteur, l'autre pour son appui,
L'encens pour vous, et les sifflets pour lui.

    Vous cependant, au doux bruit des éloges
Qui vont pleuvant de l'orchestre et des loges,
Marchant en reine, et traînant après vous
Vingt courtisans l'un de l'autre jaloux,
Vous admettez près de votre toilette
Du noble essaim la cohue indiscrete ;
L'un dans la main vous glisse un billet doux;

L'autre à Passy vous propose une fête ;
Josse avec vous veut souper tête à tête ;
Candale y soupe, et rit tout haut d'eux tous :
On vous entoure, on vous presse, on vous lasse.
Le pauvre auteur est tapi dans un coin,
Se fait petit, tient à peine une place.
Certain marquis l'appercevant de loin,
Dit : Ah ! c'est vous ; bon jour, monsieur Pancrace,
Bon jour ; vraiment votre piece a du bon.
Pancrace fait révérence profonde,
Bégaie un mot, à quoi nul ne répond,
Puis se retire, et se croit du beau monde.
    Un intendant des plaisirs dits menus,
Chez qui les arts sont toujours bien venus,
Grand connaisseur, et pour vous plein de zele,
Vous avertit que la piece nouvelle
Aura l'honneur de paraître à la cour.
    Vous arrivez conduite par l'amour ;
On vous présente à la reine, aux princesses,
Aux vieux seigneurs, qui dans leurs vieux propos
Vont regrettant le chant de la Duclos :
Vous recevez compliments et caresses ;
Chacun accourt, chacun dit, La voilà ;
De tous les yeux vous êtes remarquée,
De mille mains on vous verrait claquée
Dans le salon, si le roi n'était là.
Pancrace suit ; un gros huissier lui ferme
La porte au nez : il reste comme un terme,
La bouche ouverte et le front interdit :
Tel que le Franc qui, tout brillant de gloire,
Ayant en cour présenté son mémoire,
Creve à la fois d'orgueil et de dépit.
    Il gratte, il gratte, il se présente, il dit,
Je suis l'auteur.... Hélas ! mon pauvre here
C'est pour cela que vous n'entrerez pas.
Le malheureux, honteux de sa misere,

S'esquive en hâte, et murmurant tout bas
De voir en lui les neuf muses bannies,
Du temps passé regrettant les beaux jours,
Il rime encore, et s'étonne toujours
Du peu de cas qu'on fait des grands génies.
Pour l'achever, quelque compilateur,
Froid gazetier, jaloux d'un froid auteur,
Quelque Fréron, dans l'Ane littéraire,
Vient l'entamer de sa dent mercenaire;
A l'aboyeur il reste abandonné
Comme un esclave aux bêtes condamné.
Voilà son sort. Et puis cherchez à plaire!
Mais c'est bien pis, hélas! s'il réussit;
L'Envie alors, Euménide implacable,
Chez les vivants harpie insatiable,
Que la mort seule à grand'peine adoucit;
L'affreuse Envie, active, impatiente,
Versant le fiel de sa bouche écumante,
Court à Paris, par de longs sifflements,
Dans leurs greniers réveiller ses enfants.
A cette voix les voilà qui descendent,
Qui dans le monde à grands flots se répandent,
En manteau court, en soutane, en rabat,
En petit maître, en petit magistrat:
Ecoutez-les: Cette œuvre dramatique
Est dangereuse, et l'auteur hérétique;
Maître Abraham va sur lui distillant
L'acide impur qu'il vendait sur la Loire;
Maître Crevier, dans sa pesante histoire
Qu'on ne lit point, condamne son talent.
Un petit singe à face de Thersite,
Au sourcil noir, à l'œil noir, au teint gris,
Bel esprit faux qui hait les bons esprits,
Fou sérieux que le bon sens irrite,
Echo des sots, trompette des pervers,
En prose dure insulte les beaux vers,

Poursuit le sage, et noircit le mérite.

Mais écoutez ces pieux loups-garous,
Persécuteurs de l'art des Euripides,
Qui vont heurlant en phrases insipides
Contre la scene et même contre vous.

Quand vos talents entraînent au théâtre
Un peuple entier, de votre art idolâtre,
Et font valoir quelque ouvrage nouveau,
Un possédé, dans le fond d'un tonneau
Qu'on coupe en deux, et qu'un vieux dais sur-
  monte,
Crie au scandale, à l'horreur, à la honte,
Et vous dépeint au public abusé
Comme un démon en fille déguisé.
Ainsi toujours unissant les contraires
Nos chers Français, dans leurs têtes légeres
Que tous les vents font tourner à leur gré,
Vont diffamer ce qu'ils ont admiré.
O mes amis, raisonnez, je vous prie;
Un mot suffit. Si cet art est impie,
Sans répugnance il le faut abjurer;
S'il ne l'est pas, il le faut honorer.

LXXXIII. A Madame Denis,

sur l'agriculture. (1761.)

Qu'il est-doux d'employer le déclin de son âge
Comme le grand Virgile occupa son printemps!
Du beau lac de Mantoue il aimait le rivage;
Il cultivait la terre et chantait ses présents;
Mais bientôt, ennuyé des plaisirs du village,
D'Alexis et d'Aminte il quitta le séjour,
Et malgré Mévius il parut à la cour.

C'est la cour qu'on doit fuir, c'est aux champs qu'il
   faut vivre.
Dieu du jour, dieu des vers, j'ai ton exemple à suivre :
Tu gardas les troupeaux, mais c'était ceux d'un roi :
Je n'aime les moutons que quand ils sont à moi ;
L'arbre qu'on a planté rit plus à notre vue
Que le parc de Versaille et sa vaste étendue.
Le normand Fontenelle, au milieu de Paris,
Prêta des agréments au chalumeau champêtre ;
Mais il vantait des soins qu'il craignait de connaître,
Et de ses faux bergers il fit de beaux esprits.
Je veux que le cœur parle, ou que l'auteur se taise :
Ne célébrons jamais que ce que nous aimons.
En fait de sentiment l'art n'a rien qui nous plaise ;
Ou chantez vos plaisirs, ou quittez les chansons ;
Ce sont des faussetés, et non des fictions.
   Mais quoi ! loin de Paris se peut-il qu'on respire ?
Me dit un petit-maître amoureux du fracas.
Les plaisirs dans Paris voltigent sur nos pas ;
On s'onblie, on espere, on jouit, on desire ;
Il nous faut du tumulte, et je sens que mon cœur,
S'il n'est pas enivré, va tomber en langueur.
   Attends, bel étourdi, que les rides de l'âge
Mûrissent ta raison, sillonnent ton visage,
Que Gaussin t'ait quitté, qu'un ingrat t'ait trahi,
Qu'un Bernard t'ait volé, qu'un jaloux hypocrite
T'ait noirci des poisons de sa langue maudite,
Qu'un opulent frippon, de ses pareils haï,
Ait ravi des honneurs qu'on enleve au mérite ;
Tu verras qu'il est bon de vivre enfin pour soi,
Et de savoir quitter le monde qui nous quitte.
   Mais vivre sans plaisir, sans faste, sans emploi !
Succomber sous le poids d'un ennui volontaire !
   De l'ennui ! penses-tu que, retiré chez toi,
Pour les tiens, pour l'état, tu n'as plus rien à faire ?
La nature t'appelle, apprends à l'observer ;

La France a des déserts, ose les cultiver;
Elle a des malheureux; un travail nécessaire,
Ce partage de l'homme et son consolateur,
En chassant l'indigence amene le bonheur;
Change en épis dorés, change en gras pâturages
Ces ronces, ces roseaux, ces affreux marécages.
Tes vassaux languissants qui pleuraient d'être nés,
Qui redoutaient sur-tout de former leurs semblables,
Et de donner le jour à des infortunés;
Vont se lier gaiment par des nœuds desirables.
D'un canton désolé l'habitant s'enrichit;
Turbilli dans l'Anjou t'imite et t'applaudit.
Bertin, qui dans son roi voit toujours sa patrie,
Prête un bras secourable à ta noble industrie.
Trudaine sait assez que le cultivateur
Des ressorts de l'état est le premier moteur,
Et qu'on ne doit pas moins, pour le soutien du trône,
A la faux de Cérès qu'au sabre de Bellone.
  J'aime assez saint Benoît : il prétendit du moins
Que ses enfants tondus, chargés d'utiles soins,
Méritassent de vivre en guidant la charrue,
En creusant des canaux, en défrichant des bois;
Mais je suis peu content du bon-homme François :
Il crut qu'un vrai chrétien doit gueuser dans la rue,
Et voulut que ses fils, robustes fainéants,
Fissent serment à Dieu de vivre à nos dépens.
Dieu veut que l'on travaille, et que l'on s'évertue;
Et le sot mari d'Eve au Paradis d'Eden
Reçut un ordre exprès d'arranger son jardin;
C'est la premiere loi donnée au premier homme
Avant qu'il eût mangé la moitié de sa pomme.
Mais ne détournons point nos mains et nos regards
Ni des autres emplois, ni sur-tout des beaux arts.
Il est des temps pour tout; et lorsqu'en mes vallées,
Qu'entoure un long amas de montagnes pelées,
De quelques malheureux ma main seche les pleurs,

Sur la scene à Paris j'en fais verser peut-être;
Dans Versaille étonné j'attendris de grands cœurs,
Et, sans croire approcher de Racine, mon maître,
Quelquefois je peux plaire, à l'aide de Clairon.
Au fond de son bourbier je fais rentrer Fréron.
L'archidiacre Trublet prétend que je l'ennuie,
La représaille est juste; et je sais à propos
Confondre les pervers et me moquer des sots.
En vain sur son crédit un délateur s'appuie;
Sous son bonnet quárré, que ma main jette à bas,
Je découvre en riant la tête de Midas.
J'honore Diderot malgré la calomnie;
Ma voix parle plus haut que les cris de l'envie;
Les échos des rochers qui ceignent mon désert
Répetent après moi le nom de d'Alembert.
Un philosophe est ferme et n'a point d'artifice;
Sans espoir et sans crainte il sait rendre justice;
Jamais adulateur, et toujours citoyen,
A son prince attaché sans lui demander rien,
Fuyant des factions les brigues ennemies
Qui se glissent par fois dans nos académies,
Sans aimer Loyola, condamnant saint Médard,
Des billets qu'on exige il se rit à l'écart,
Et laisse aux parlements à réprimer l'église.
Il s'éleve à son Dieu quand il foule à ses pieds
Un fatras dégoûtant d'arguments décriés,
Et son ame inflexible au vrai seul est soumise.
C'est ainsi qu'on peut vivre à l'ombre de ses bois,
En guerre avec les sots, en paix avec soi-même,
Gouvernant d'une main le soc de Triptolême,
Et de l'autre essayant d'accorder sous ses doigts
La lyre de Racine et le luth de Chapelle.
O vous, à l'amitié dans tous les temps fidele,
Vous qui, sans préjugés, sans vice, sans travers,
Embellissez mes jours ainsi que mes déserts,
Soutenez mes travaux et ma philosophie :

Vous cultivez les arts, les arts vous ont suivie.
Le sang du grand Corneille, élevé sous vos yeux, ·
Apprend par vos leçons à mériter d'en être.
Le pere de Cinna vient m'instruire en ces lieux;
Son ombre entre nous trois aime encore à paraître;
Son ombre nous console, et nous dit qu'à Paris
Il faut abandonner la place aux Seudéris.

LXXXIV. A Madame ELIE DE BEAUMONT,

en réponse à une épître en vers, au sujet de mademoiselle
Corneille.

(20 mai 1761.)

S'il est au monde une beauté
Qui de Corneille ait hérité,
Vous possédez cet apanage.
L'enfant dont je me suis chargé
N'a point l'art des vers en partage:
Vous l'avez; c'est un avantage
Qui m'a quelquefois affligé,
Et que doit fuir tout homme sage.
Ce dangereux et beau talent
Est pour vous un simple ornement,
Un pompon de plus à votre âge;
Mais quand un homme a le malheur
D'avoir fait en forme un ouvrage,
Et quand il est monsieur l'auteur,
C'est un métier dont il enrage...
    Les vers, la musique, l'amour,
Sont les charmes de notre vie:
Le sage en a la fantaisie,
Et sait les goûter tour à tour;
S'y livrer toujours c'est folie.

LXXXV. A Mademoiselle CLAIRON. (1765.)

LE sublime en tout genre est le don le plus rare ;
C'est là le vrai phénix ; et , sagement avare ,
La nature a prévu qu'en nos faibles esprits
Le beau, s'il est commun, doit perdre de son prix.
La médiocrité couvre la terre entiere ;
Les mortels ont à peine une faible lumiere,
Quelques vertus sans force, et des talents bornés.
S'il est quelques esprits par le ciel destinés
A s'ouvrir des chemins inconnus au vulgaire,
A franchir des beaux arts la limite ordinaire,
La nature est alors prodigue en ses présents ;
Elle égale dans eux les vertus aux talents.
Le souffle du génie et ses fécondes flammes
N'out jamais descendu que dans de nobles ames :
Il faut qu'on en soit digne, et le cœur épuré
Est le seul aliment de ce flambeau sacré ;
Un esprit corrompu ne fut jamais sublime.
    Toi que forma Vénus, et que Minerve anime,
Toi qui ressuscitas, sous mes rustiques toits,
L'Electre de Sophocle aux accents de ta voix,
(Non l'Electre française à la mode soumise,
Pour le galant Itys si galamment éprise ;)
Toi qui peins la nature en osant l'embellir,
Souveraine d'un art que tu sus ennoblir,
Toi dont un geste, un mot m'attendrit et m'enflamme,
Si j'aime tes talents, je respecte ton ame.
L'amitié, la grandeur, la fermeté, la foi,
Les vertus que tu peins je les retrouve en toi,
Elles sont dans ton cœur ; la vertu que j'encense
N'est pas des voluptés la sévere abstinence.
L'amour, ce don du ciel, digne de son auteur,

Des malheureux humains est le consolateur :
Lui-même il fut un dieu dans les siecles antiques ;
On en fait un démon chez nos vils fanatiques :
Très désintéressé sur ce péché charmant,
J'en parle en philosophe, et non pas en amant.
Une femme sensible, et que l'amour engage,
Quand elle est honnête homme, à mes yeux est un
     sage.
   Que ce conteur heureux qui plaisamment chanta
Le démon Belphégor et madame Honesta,
L'Esope des Français, le maître de la fable,
Ait de la Champmêlé vanté la voix aimable,
Ses accents amoureux, et ses sons affétés,
Echo des fades airs que Lambert a notés :
Tu n'étais pas alors ; on ne pouvait connaître
Cet art qui n'est qu'à toi, cet art que tu fais naitre.
   Corneille, des Romains peintre majestueux,
T'aurait vue aussi noble, aussi romaine qu'eux.
Le ciel, pour échauffer les glaces de mon âge,
Le ciel me réservait ce flatteur avantage ;
Je ne suis point surpris qu'un sort capricieux
Ait pu mêler quelque ombre à tes jours glorieux.
L'ame qui sait penser n'en est point étonnée ;
Elle s'en affermit, loin d'être consternée :
C'est le creuset du sage ; et son or altéré
En renaît plus brillant, en sort plus épuré.
En tous temps, en tous lieux le public est injuste :
Horace s'en plaignait sous l'empire d'Auguste.
La malice, l'orgueil, un indigne desir
D'abaisser des talents qui font notre plaisir,
De flétrir les beaux arts qui consolent la vie :
Voilà le cœur de l'homme ; il est né pour l'envie.
A l'église, au barreau, dans les camps, dans les cours,
Il est, il fut ingrat, et le sera toujours.
   Du siecle que j'ai vu tu sais quelle est la gloire :
Ce siecle des talents vivra dans la mémoire.

Mais vois à quels dégoûts le sort abandonna
L'auteur d'Iphigénie, et celui de Cinna,
Ce qu'essuya Quinault, ce que souffrit Moliere,
Fénélon dans l'exil terminant sa carriere,
Arnaud, qui dut jouir du destin le plus beau,
Arnaud manquant d'asyle, et même de tombeau.
De l'âge où nous vivons que pouvons-nous attendre?
La lumiere, il est vrai, commence à se répandre:
Avec moins de talents on est plus éclairé;
Mais le goût s'est perdu, l'esprit s'est égaré.
Ce siecle ridicule est celui des brochures,
Des chansons, des extraits, et sur-tout des injures.
La barbarie approche: Apollon indigné
Quitte les bords heureux où ses lois ont régné;
Et, fuyant à regret son parterre et ses loges,
Melpomene avec toi fuit chez les Allobroges.

LXXXVI.   A M. L'ABBÉ DE LA PORTE.

(1765.)

Tu pousses trop loin l'amitié,
Abbé, quand tu prends ma défense;
Le vil objet de ta vengeance
Sous ta verge me fait pitié.
Il ne faut point tant de courage
Pour se battre contre un poltron,
Ni pour écraser un Fréron
Dont le nom seul est un outrage.
Un passant donne au polisson
Un coup de fouet sur le visage;
Ce n'est que de cette façon
Qu'on corrige un tel personnage,
S'il pouvait être corrigé.
Mais on le hue, on le bafoue,

On l'a mille fois fustigé :
Il se carre encor dans la boue ;
Dans le mépris il est plongé,
Sur chaque théâtre on le joue :
Ne suis-je pas assez vengé ?

LXXXVII. A HENRI IV,

sur ce qu'on avait écrit à l'auteur que plusieurs citoyens
de Paris s'étaient mis à genoux devant la statue éques-
tre de ce prince, pendant la maladie du dauphin, pere
de L o u i s x v i. (1766.)

INTRÉPIDE soldat, vrai chevalier, grand homme,
Bon roi, fidele ami, tendre et loyal amant,
Toi que l'Europe a plaint d'avoir fléchi sous Rome,
Sans qu'on osât blâmer ce triste abaissement,
Henri, tous les Français adorent ta mémoire ;
Ton nom devient plus cher et plus grand chaque jour ;
Et peut-être, autrefois quand j'ai chanté ta gloire,
Je n'ai point dans les cœurs affaibli tant d'amour.
Un des beaux rejetons de ta race chérie,
Des marches de ton trône au tombeau descendu,
Te porte en expirant les vœux de ta patrie,
Et les gémissements de ton peuple éperdu.
Lorsque la mort sur lui levait sa faux tranchante,
On vit de citoyens une foule tremblante
Entourer ta statue, et la baigner de pleurs ;
C'était là leur autel, et dans tous nos malheurs
On t'implore aujourd'hui comme un dieu tutélaire.
La fille qui naquit aux chaumes de Nanterre,
Pieusement célebre en des temps ténébreux,
N'entend point nos regrets, n'exauce point nos vœux,
De l'empire français n'est point la protectrice.

C'est toi, c'est ta valeur, ta bonté, ta justice
Qui préside à l'état raffermi par tes mains :
Ce n'est qu'en t'imitant qu'on a des jours prosperes,
C'est l'encens qu'on te doit ; les Grecs et les Romains
Invoquaient des héros, et non pas des bergeres.
   O si de mes déserts, où j'acheve mes jours,
Je m'étais fait entendre au fond du sombre empire !
Si, comme au temps d'Orphée, un enfant de la lyre
De l'ordre des destins interrompait le cours !
Si ma voix.... mais .tout cede à leur arrêt suprême ;
Ni nos chants, ni nos cris, ni l'art et ses secours,
Les offrandes, les vœux, les autels, ni toi-même,
Rien ne suspend la mort. Ce monde illimité
Est l'esclave éternel de la fatalité :
A d'immuables lois Dieu soumit la nature.
   Sur ces monts entassés, séjour de la froidure,
Aux creux de ces rochers, dans ces gouffres affreux,
Je vois des animaux maigres, pâles, hideux,
Demi-nus, affamés, courbés sous l'infortune :
Ils sont hommes pourtant ; notre mere commune
A daigné prodiguer des soins aussi puissants
A pétrir de ses mains leur substance mortelle,
Et le grossier instinct qui dirige leurs sens,
Qu'à former les vainqueurs de Pharsale et d'Arbelle ;
Au livre des destins tous leurs jours sont comptés :
Les liens l'étaient aussi. Ces dures vérités
Epouvantent le lâche, et consolent le sage.
Tout est égal au monde ; un mourant n'a point d'âge :
Le dauphin le disait au sein de la grandeur,
Au printemps de sa vie, au comble du bonheur ;
Il l'a dit en mourant, de sa voix affaiblie,
A son fils, à son pere, à la cour attendrie.
O toi, triste témoin de son dernier moment,
Qui lis de sa vertu ce faible monument,
Ne me demande point ce qui fonda sa gloire,
Quels funestes exploits assurent sa mémoire,

Quels peuples malheureux on le vit conquérir,
Ce qu'il fit sur la terre..... il t'apprit à mourir.

LXXXVIII. A M. LE CHEVALIER DE BOUFFLERS.

(1766.)

CROYEZ qu'un vieillard cacochyme,
Chargé de soixante et douze ans,
Doit mettre, s'il a quelque sens,
Son ame et son corps au régime.
Dieu fit la douce illusion
Pour les heureux fous du bel âge,
Pour les vieux fous l'ambition,
Et la retraite pour le sage.
_Vous me direz qu'Anacréon,
Que Chaulieu même, et Saint-Aulaire,
Tiraient encor quelque chanson
De leur cervelle octogénaire.
Mais ces exemples sont trompeurs;
Et quand les derniers jours d'automne
Laissent éclore quelques fleurs,
On ne leur voit point les couleurs
Et l'éclat que le printemps donne;
Les bergeres et les pasteurs
N'en forment point une couronne.
La Parque de ses vilains doigts
Marquait d'un sept avec un trois
La tête froide et peu pensante
De Fleuri qui donna des lois
A notre France languissante:
Il porta le sceptre des rois,
Et le garda jusqu'à nonante.
Régner est un amusement

Pour un vieillard triste et pesant,
De toute autre chose incapable ;
Mais vieux bel-esprit, vieux amant,
Vieux chanteur est insupportable.

C'est à vous, ô jeune Boufflers,
A vous dont notre Suisse admire
Le crayon, la prose, et les vers,
Et les petits contes pour rire ;
C'est à vous de chanter Thémire,
Et de briller dans un festin,
Animé du triple délire
Des vers, de l'amour, et du vin.

LXXXIX. A M. FRANÇOIS DE NEUFCHATEAU.

(1766.)

Si vous brillez à votre aurore,
Quand je m'éteins à mon couchant ;
Si dans votre fertile champ
Tant de fleurs s'empressent d'éclore,
Lorsque mon terrain languissant
Est dégarni des dons de Flore ;
Si votre voix jeune et sonore
Prélude d'un ton si touchant,
Quand je fredonne à peine encore
Les restes d'un lugubre chant ;
Si des Graces, qu'en vain j'implore,
Vous devenez l'heureux amant,
Et si ma vieillesse déplore
La perte de cet art charmant
Dont le Dieu des vers vous honore ;
Tout cela peut m'humilier,
Mais je n'y vois point de remede.
Il faut bien que l'on me succede ;
Et j'aime en vous mon héritier.

XC. A M. DE CHABANON,

qui, dans une piece de vers, exhortait l'auteur à quitter l'étude de la métaphysique pour la poésie. (1767.)

AIMABLE amant de Polymnie,
Jouissez de cet âge heureux
Des voluptés et du génie ;
Abandonnez-vous à leurs feux.
Ceux de mon ame appesantie
Ne sont qu'une cendre amortie,
Et je renonce à tous vos jeux.
La fleur de la saison passée
Par d'autres fleurs est remplacée.
  Une sultane, avec dépit,
Dans le vieux serrail délaissée,
Voit la jeune entrer dans le lit·
Dont le grand-seigneur l'a chassée.
  Lorsqu'Elie était décrépit,
Il s'enfuit, laissant son esprit
A son jeune éleve Elisée.
Ma muse est de moi trop lassée :
Elle me quitte et vous chérit ;
Elle sera mieux caressée.

XCI. A MADAME DE SAINT-JULIEN.

(1768.)

DES contraires bel assemblage,
Vous qui, sous l'air d'un papillon,
Cachez les sentiments d'un sage,
Revolez de mon hermitage

A votre brillant tourbillon;
Allez chercher l'illusion
Compagne heureuse du bel âge.
Que votre imagination
Toujours forte, toujours légere,
Entre Boufflers et Voisenon
Répande cent traits de lumiere;
Que Diane, que les Amours
Partagent vos nuits et vos jours:
S'il vous reste en ce train de vie,
Dans un temps si bien employé,
Quelques moments pour l'amitié,
Ne m'oubliez pas, je vous prie;
J'aurais encor la fantaisie
D'être au nombre de vos amants:
Je cede ces honneurs charmants
Aux doyens de l'académie.
Mais quand j'aurai quatre-vingts ans,
Je prétends de ces jeunes gens
Surpasser la galanterie,
S'ils me surpassent en talents.

    Ces petits vers froids et coulants
Sentent un peu la décadence:
On m'assure qu'en plus d'un sens
Il en est tout de même en France.
Le bon temps reviendra, je pense;
Et j'ai la plus ferme espérance
Dans un de messieurs vos parents.

XCII. A MON VAISSEAU. (1768.)

O Vaisseau, qui portes mon nom,
Puisses-tu comme moi résister aux orages!
L'empire de Neptune a vu moins de naufrages

Que le Permesse d'Apollon.
Tu vogueras peut-être à ces climats sauvages
Que Jean-Jacque a vantés dans son nouveau jargon.
Va débarquer sur ces rivages
Patouillet, Nonotte, et Fréron;
A moins qu'aux chantiers de Toulon
Ils ne servent le roi noblement et sans gages.

Mais non, ton sort t'appelle aux dunes d'Albion :
Tu verras dans les champs qu'arrose la Tamise
La liberté superbe auprès du trône assise.
Le chapeau qui la couvre est orné de lauriers;
Et malgré ses partis, sa fougue et sa licence,
Elle tient dans ses mains la corne d'abondance
Et les étendards des guerriers.

Sois certain que Paris ne s'informera guere
Si tu vogues vers Smyrne où l'on vit naître Homere,
Ou si ton breton nautonnier.
Te conduit près de Naple, en ce séjour fertile
Qui fait bien plus de cas du sang de saint Janvier
Que de la cendre de Virgile.
Ne va point sur le Tibre; il n'est plus de talents,
Plus de héros, plus de grand homme :
Chez ce peuple de conquérants
Il est un pape, et plus de Rome.

Va plutôt vers ces monts qu'autrefois sépara
Le redoutable fils d'Alcmene,
Qui domta les lions, sous qui l'hydre expira,
Et qui des dieux jaloux brava toujours la haine.
Tu verras en Espagne un Alcide nouveau,
Vainqueur d'une hydre plus fatale,
Des superstitions déchirant le bandeau,
Plongeant dans la nuit du tombeau
De l'inquisition la puissance infernale :

Dis-lui, qu'il est en France un mortel qui l'égale ;
Car tu parles, sans doute, ainsi que le vaisseau
   Qui transporta dans la Colchide
Les deux jumeaux divins, Jason, Orphée, Alcide.
Baptisé sous mon nom tu parles hardiment :
Que ne diras-tu point des énormes sottises
   Que mes chers Français ont commises
   Sur l'un et sur l'autre élément !

Tu brûles de partir ; attends, demeure, arrête ;
Je prétends m'embarquer ; attends-moi, je te joins :
Libre de passions, et d'erreurs, et de soins,
J'ai su de mon asyle écarter la tempête ;
Mais dans mes prés fleuris, dans mes sombres forêts,
  Dans l'abondance, et dans la paix,
   Mon ame est encore inquiete :
Des méchants et des sots je suis encor trop près ;
Les cris des malheureux percent dans ma retraite.
Enfin le mauvais goût qui domine aujourd'hui
   Déshonore trop ma patrie :
Hier on m'apporta, pour combler mon ennui,
   Le Tacite de la Blétrie.
Je n'y tiens point, je pars, et j'ai trop différé.

Ainsi je m'occupais, sans suite et sans méthode,
De ces pensers divers où j'étais égaré,
Comme tout solitaire à lui-même livré,
   Ou comme un fou qui fait une ode,
Quand Minerve, tirant les rideaux de mon lit,
Avec l'aube du jour m'apparut, et me dit :
Tu trouveras par-tout la même impertinence :
   Les ennuyeux et les pervers
   Composent ce vaste univers ;
   Le monde est fait comme la France.

   Je me rendis à la raison ;

Et, sans plus m'affliger des sottises du monde,
Je laissai mon vaisseau fendre le sein de l'onde,
Et je restai dans ma maison.

XCIII. A M. DE SAINT-LAMBERT. (1769.)

CHANTRE des vrais plaisirs, harmonieux émule
Du pasteur de Mantoue et du tendre Tibulle,
Qui peignez la nature et qui l'embellissez,
Que vos Saisons m'ont plu ! que mes sens émoussés
A votre aimable voix se sentirent renaître !
Que j'aime, en vous lisant, ma retraite champêtre !
Je fais depuis quinze ans tout ce que vous chantez :
Dans ces champs malheureux, si long-temps désertés,
Sur les pas du travail j'ai conduit l'abondance ;
J'ai fait fleurir la paix . et régner l'innocence.
Ces vignobles, ces bois, ma main les a plantés ;
Ces granges, ces hameaux désormais habités,
Ces landes, ces marais changés en pâturages,
Ces colons rassemblés, ce sont là mes ouvrages ;
Ouvrages fortunés, dont le succès constant
De la mode et du goût n'est jamais dépendant ;
Ouvrages plus chéris que Mérope et Zaïre,
Et que n'atteindront point les traits de la satire.
     Heureux qui peut chanter les jardins et les bois,
Les charmes de l'amour, l'honneur des grands
               exploits,
Et, parcourant des arts la flatteuse carriere,
Aux mortels aveuglés rendre un peu de lumiere !
Mais encor plus heureux qui peut, loin de la cour,
Embellir sagement un champêtre séjour,
Entendre autour de lui cent voix qui le bénissent !
De ses heureux succès quelques frippons gémissent :
Un vil cagot mitré, tyran des gens de bien,

Va l'accuser en cour de n'être pas chrétien:
Le sage ministere écoute avec surprise;
Il reconnait Tartuffe, et rit de sa sottise,
   Cependant le vieillard acheve ses moissons :
Le pauvre en est nourri; ses chanvres, ses toisons
Habillent décemment le berger, la bergere;
Il unit par l'hymen Mœris avec Glycere;
Il donne une chasuble au bon curé du lieu,
Qui, buvant avec lui, voit bien qu'il croit en Dieu.
Ainsi dans l'alégresse il acheve sa vie.
   Ce n'est qu'au successeur du chantre d'Ausonie
De peindre ces tableaux ignorés dans Paris,
D'en ranimer les traits par son beau coloris,
D'inspirer aux humains le goût de la retraite.
Mais de nos chers Français la noblesse inquiete,
Pouvant régner chez soi, va ramper dans les cours:
Les folles vanités consument ses beaux jours;
Le vrai séjour de l'homme est un exil pour elle.
   Plutus est dans Paris, et c'est là qu'il appelle
Les voisins de l'Adour, et du Rhône, et du Var:
Tous viennent à genoux environner son char;
Les uns montent dessus, les autres dans la boue
Baisent, en soupirant, les rayons de sa roue.
Le fils de mon manœuvre, en ma ferme élevé,
A d'utiles travaux à quinze ans enlevé,
Des laquais de Paris s'en va grossir l'armée:
Il sert d'un vieux traitant la maitresse affamée;
De sergent des impôts il obtient un emploi;
Il vient dans son hameau, tout fier, de par le roi
Fait des procès-verbaux, tyrannise, emprisonne,
Ravit aux citoyens le pain que je leur donne,
Et traine en des cachots le pere et les enfants.
   Vous le savez, grand Dieu! j'ai vu des innocents,
Sur le faux exposé de ces loups mercenaires,
Pour cinq sous de tabac envoyés aux galeres.
   Chers enfants de Cérès, ô chers agriculteurs,

Vertueux nourriciers de vos persécuteurs,
Jusqu'à quand serez-vous vers ces tristes frontieres
Ecrasés sans pitié sous ces mains meurtrieres?-
Ne vous ai-je assemblés que pour vous voir périr
En maudissant les champs que vos mains font fleurir!
Un temps viendra, sans doute, où des lois plus hu-
     maines
De vos bras opprimés relâcheront les chaînes :
Dans un monde nouveau vous aurez un soutien ;
Car pour ce monde-ci je n'en espere rien.
   Extremum quod te alloquor, hoc est.

XCIV. A Madame la duchesse DE CHOISEUL.

(1769.)

Des dames de Paris Boileau fit la satire.
De la moitié du monde, hélas, faut-il médire !
Jean-Jacque, assez connu par ses témérités,
En nouveau Diogene aboie à nos beautés :
Il leur a préféré l'innocente faiblesse,
Les faciles appas de sa grosse Suissesse
Qui, contre son amant ayant peu combattu,
Se défait d'un faux germe, et garde sa vertu.
Mais nos dames, dit-il, sont fausses et galantes,
Sans esprit, sans pudeur, et fort impertinentes ;
Elles ont l'air hautain, mais l'accueil familier,
Le ton d'un petit-maître, et l'œil d'un grenadier.
O le méchant esprit ! gardez-vous bien de lire
De ce grave insensé l'insipide délire.

Auteurs mieux élevés, fêtez dans vos écrits
Les dames de Versaille et celles de Paris :
Etudiez leur goût ; vous trouverez chez elles
De l'esprit sans effort, des graces naturelles,

De l'art de converser les naïves douceurs,
L'honnête liberté qui réforma nos mœurs,
Et tous ces agréments que souvent Polymnie
Dédaigna d'accorder aux hommes de génie.

Ne connaissez-vous point une femme de bien
Aimable en ses propos, décente en son maintien,
Belle sans être vaine, instruite, et pourtant sage?
Elle n'est pas pour vous; mais briguez son suffrage.

Après un tel portrait cherchez-vous encor plus?
Avec tous les attraits vous faut-il des vertus?
Faites-vous présenter par certain secrétaire
Chez certaine beauté dont le nom doit se taire;
C'est Vénus-Uranie, épouse du dieu Mars;
C'est elle dont l'esprit anime les beaux arts,
Non celle qu'on voyait, sous le fils de Cynire
De son frippon d'enfant suivant l'injuste empire,
Entre Adonis et Mars partager ses faveurs.

Il est vrai qu'en sa cour il est très peu d'auteurs:
Dans les palais des dieux elle vit retirée;
Vénus est philosophe au sein de l'empyrée;
Mais sa philosophie est de faire du bien:
Elle exige sur-tout que je n'en dise rien;
Sur mille infortunés que sa bonté console
J'ai promis le secret, et je lui tiens parole.

Toi qui peignis si bien, dans un style épuré,
Une tendre novice, un honnête curé,
Toi dont le goût formé voudrait encor s'instruire,
Entre Mars et Vénus tâche de t'introduire:
Déja de leurs bienfaits tu connais le pouvoir;
Il est un plus grand bien, c'est celui de les voir.
Mais ce bonheur est rare, et le dieu de la guerre
Garde son cabinet dont on n'approche guere.
Je sais plus d'un brave homme à sa porte assidu,
Qui lui doit sa fortune et ne l'a jamais vu.
Il faut entrer pourtant; il faut que les Apelles
Puissent à leur plaisir contempler leurs modeles,

Et, pleins de leurs vertus ainsi que de leurs traits,
En transmettre à nos yeux de fideles portraits.

Tes vers seront plus beaux, et ta muse plus fiere
D'un pas plus assuré va fournir sa carriere.
Courtin jadis en vers à Sonning dit: *Adieu,*
Faites mes compliments à l'abbé de Chaulieu:
Moi je te dis en prose: Enfant de l'harmonie,
Présente mon hommage à Vénus-Uranie.

XCV. A BOILEAU, ou MON TESTAMENT.

(1769.)

Boileau, correct auteur de quelques bons écrits,
Zoïle de Quinault, et flatteur de Louis,
Mais oracle du goût dans cet art difficile
Où s'égayait Horace, où travaillait Virgile,
Dans la cour du Palais je naquis ton voisin:
De ton siecle brillant mes yeux virent la fin;
Siecle de grands talents bien plus que de lumiere,
Dont Corneille en bronchant sut ouvrir la carriere.
Je vis le jardinier de ta maison d'Auteuil,
Qui chez toi, pour rimer, planta le chevre-feuil.
Chez ton neveu Dongois je passai mon enfance,
Bon bourgeois, qui se crut un homme d'importance.
Je veux t'écrire un mot sur tes sots ennemis,
A l'hôtel Rambouillet contre toi réunis,
Qui voulaient pour loyer de tes rimes sinceres,
Couronné de lauriers, t'envoyer aux galeres:
Ces petits beaux esprits craignaient la vérite
Et du sel de tes vers la piquante âcreté.
Louis avait du goût, Louis aimait la gloire:
Il voulut que ta muse assurât sa mémoire;
Et satirique heureux, par ton prince avoué,
Tu pus censurer tout, pourvu qu'il fût loué.

Bientôt les courtisans, ces singes de leur maître
Surent tes vers par cœur, et crurent s'y connaitre :
On admira dans toi jusqu'au style un peu dur
Dont tu défiguras le vainqueur de Namur ;
Et sur l'amour de Dieu ta triste psalmodie,
Du haineux janséniste en son temps applaudie ;
Et l'Equivoque même, enfant plus ténébreux,
D'un pere sans vigueur avorton malheureux.
Des muses dans ce temps au pied du trône assises,
On aimait les talents, on passait les sottises.
Un maudit Ecossais, chassé de son pays,
Vint changer tout en France, et gâta nos esprits.
L'espoir trompeur et vain, l'avarice au teint blème,
Sous l'abbé Terrasson calculant son système,
Répandaient à grands flots leurs papiers imposteurs,
Vidaient nos coffres forts, et corrompaient nos mœurs
Plus de goût, plus d'esprit : la sombre arithmétique
Succéda dans Paris à ton art poétique.
Le duc et le prélat, le guerrier, le docteur,
Lisaient pour tous écrits des billets au porteur.
On passa du Permesse au rivage du Gange,
Et le sacré vallon fut la place du change.
    Le ciel nous envoya, dans ces temps corrompus
Le sage et doux pasteur des brebis de Fréjus,
Econome censé, renfermé dans lui-même,
Et qui n'affecta rien que le pouvoir suprême.
La France était blessée : il laissa ce grand corps
Reprendre un nouveau sang, raffermir ses ressorts,
Se rétablir lui-même en vivant de régime.
Mais si Fleuri fut sage, il n'eut rien de sublime ;
Il fut loin d'imiter la grandeur des Colberts ;
Il négligeait les arts, il aimait peu les vers.
Pardon, si contre moi son ombre s'en irrite !
Mais il fut, en secret, jaloux de tout mérite.
Je l'ai vu refuser, poliment inhumain,
Une place à Racine, à Crébillon du pain.

Tout empira depuis. Deux partis fanatiques,
De la droite raison rivaux évangéliques,
Et des dons de l'esprit dévots persécuteurs,
S'acharnaient à l'envi sur les pauvres auteurs.
Du fauxbourg saint Médard les dogues aboycrent,
Et les renards d'Ignace avec eux se glisserent.
J'ai vu ces factions, semblables aux brigands
Rassemblés dans un bois pour voler les passants;
Et, combattant entre eux pour diviser leur proie,
De leur guerre intestine ils m'ont donné la joie.
J'ai vu l'un des partis, de mon pays chassé,
Maudit comme les Juifs, et comme eux dispersé;
L'autre plus méprisé tombant dans la poussiere,
Avec Guyon, Fréron, Nonotte, et Soriniere.
    Mais parmi ces faquins l'un sur l'autre expirants,
Au milieu des billets exigés des mourants,
Dans cet amas confus d'opprobre et de misere
Qui distingue mon siecle et fait son caractere,
Quels chants pouvaient former les enfants des neuf
        Sœurs?
Sous un ciel orageux, dans ces temps destructeurs,
Des chantres de nos bois les voix sont étouffées;
Aux siecles des Midas on ne voit point d'Orphées.
Tel qui dans l'art d'écrire eût pu te défier
Va compter dix pour cent chez Rabot le banquier;
De dépit et de honte il a brisé sa lyre.
    Ce temps est, réponds-tu, très bon pour la satire.
Mais quoi! puis-je en mes vers, aiguisant un bon mot,
Affliger sans raison l'amour-propre d'un sot,
Des Cotins de mon temps poursuivre la racaille,
Et railler un Coger dont tout Paris se raille?
Non, ma muse m'appelle à de plus hauts emplois;
A chanter la vertu j'ai consacré ma voix.
Vainqueur des préjugés que l'imbécille encense:
J'ose aux persécuteurs prêcher la tolérance;
Je dis au riche avare, Assiste l'indigent;

14.

Au ministre des lois, Protege l'innocent ;
Au docteur tonsuré , Sois humble et charitable,
Et garde-toi sur-tout de damner ton semblable.
Malgré soixante hivers escortés de seize ans ,
Je fais au monde encore entendre mes accents.
Du fond de mes déserts aux malheureux propice,
Pour Sirven opprimé je demande justice :
Je l'obtiendrai, sans doute, et cette même main
Qui ranima la veuve et vengea l'orphelin,
Soutiendra jusqu'au bout la famille éplorée
Qu'un vil juge a proscrite et non déshonorée.
Ainsi je fais trembler, dans mes derniers moments,
Et les pédants jaloux, et les petits tyrans.
J'ose agir sans rien craindre, ainsi que j'ose écrire.
Je fais le bien que j'aime ; et voilà ma satire.
Je vous ai confondus , vils calomniateurs,
Détestables cagots , infâmes délateurs;
Je vais mourir content. Le siecle qui doit naître
De vos traits empestés me vengera peut-être.
Oui , déja Saint-Lambert , en bravant vos clameurs,
Sur ma tombe qui s'ouvre a répandu des fleurs;
Aux sons harmonieux de son luth noble et tendre
Mes mânes consolés chez les morts vont descendre.
Nous nous verrons, Boileau; tu me présenteras
Chapelain, Scudéri, Perrin, Pradon, Coras :
Je pourrais t'amener enchaînés sur mes traces
Nos Zoïles honteux, successeurs des Garasses;
Minos entre eux et moi va bientôt prononcer :
Des serpents d'Alecton nous les verrons fesser;
Mais je veux avec toi baiser dans l'Elysée
La main qui nous peignit l'épouse de Thésée.
J'embrasserai Quinault, en dusses-tu crever.
Et si ton goût sévere a pu désapprouver
Du brillant Torquato le séduisant ouvrage,
Entre Homere et Virgile il aura mon hommage.
Tandis que j'ai vécu , l'on m'a vu hautement

Aux badauds effarés dire mon sentiment ;
Je veux le dire encor dans ces royaumes sombres :
S'ils ont des préjugés, j'en guérirai les ombres.
A table avec Vendôme, et Chapelle, et Chaulieu,
M'enivrant du nectar qu'on boit en ce beau lieu,
Secondé de Ninon, dont je fus légataire,
J'adoucirai les traits de ton humeur austère.
Partons ; dépêche-toi, curé de mon hameau,
Viens de ton eau bénite asperger mon caveau.

XCVI. A M. PIGAL.

(1770.)

Cher Phidias, votre statue
Me fait mille fois trop d'honneur ;
Mais quand votre main s'évertue
A sculpter votre serviteur,
Vous agacez l'esprit railleur
De certain peuple rimailleur
Qui depuis si long-temps me hue.
L'ami Fréron, ce barbouilleur
D'écrits qu'on jette dans la rue,
Sourdement de sa main crochue
Mutilera votre labeur.
    Attendez que le destructeur
Qui nous consume et qui nous tue,
Le Temps, aidé de mon pasteur,
Ait d'un bras exterminateur
Enterré ma tête chenue.
Que ferez-vous d'un pauvre auteur
Dont la taille et le cou de grue,
Et la mine très peu joufflue
Feront rire le connaisseur ?

Sculptez-nous quelque beauté nue
De qui la chair blanche et dodue
Séduise l'œil du spectateur,
Et qui dans son ame insinue
Ces doux desirs et cette ardeur
Dont Pigmalion le sculpteur,
Votre digne prédécesseur,
Brûla, si la fable en est crue.
   Au marbre il sut donner un cœur,
Cinq sens, instruments du bonheur,
Une ame en ces sens répandue;
Et soudain fille devenue,
Cette fille resta pourvue
De doux appas que sa pudeur
Ne dérobait point à la vue;
Même elle fut plus dissolue
Que son pere et son créateur.
Que cet exemple si flatteur
Par vos beaux soins se perpétue!

XCVII. A L'AUTEUR

DU LIVRE DES TROIS IMPOSTEURS.

(1771.)

INSIPIDE écrivain, qui crois à tes lecteurs
Crayonner les portraits de tes Trois Imposteurs,
D'où vient que, sans esprit, tu fais le quatrieme?
Pourquoi, pauvre ennemi de l'essence suprême,
Confonds-tu Mahomet avec le créateur,
Et les œuvres de l'homme avec Dieu, son auteur?...
Corrige le valet, mais respecte le maitre;
Dieu ne doit point pâtir des sottises du prêtre:
Reconnaissons ce Dieu, quoique très mal servi.

De lézards et de rats mon logis est rempli
Mais l'architecte existe, et quiconque le nie
Sous le manteau du sage est atteint de manie.
Consulte Zoroastre, et Minos, et Solon,
Et le martyr Socrate, et le grand Cicéron;
Ils ont adoré tous un maitre, un juge, un pere.
Ce système sublime à l'homme est nécessaire;
C'est le sacré lien de la société,
Le premier foudement de la sainte équité,
Le frein du scélérat, l'espérance du juste.
    Si les cieux, dépouillés de son empreinte auguste,
Pouvaient cesser jamais de le manifester,
Si Dieu n'existait pas, il faudrait l'inventer.
Que le sage l'annonce, et que les rois le craignent.
Rois, si vous m'opprimez, si vos grandeurs dédaignent
Les pleurs de l'innocent, que vous faites couler,
Mon vengeur est au ciel; apprenez à trembler.
Tel est au moins le fruit d'une utile croyance.
    Mais toi, raisonneur faux, dont la triste imprudence
Dans le chemin du crime ose les rassurer,
De tes beaux arguments quel fruit peux-tu tirer?
Tes enfants à ta voix seront-ils plus dociles?
Tes amis au besoin, plus sûrs et plus utiles?
Ta femme, plus honnête? et ton nouveau fermier,
Pour ne pas croire en Dieu, va-t-il mieux te payer?...
Ah! laissons aux humains la crainte et l'espérance.
    Tu m'objectes en vain l'hypocrite insolence
De ces fiers charlatans aux honneurs élevés,
Nourris de nos travaux, de nos pleurs abreuvés;
Des Césars avilis la grandeur usurpée,
Un prêtre au capitole où triompha Pompée,
Des faquins en sandale, excrément des humains,
Trempant dans notre sang leurs détestables mains;
Cent villes à leur voix couvertes de ruines,
Et de Paris sanglant les horribles matines:
Je connais mieux que toi ces affreux monuments;

Je les ai sous ma plume.exposés cinquante ans. '
Mais de ce fanatisme ennemi formidable,
J'ai fait adorer Dieu quand j'ai vaincu le diable.
Je distinguai toujours de la religion
Les malheurs qu'apporta la superstition.
L'Europe m'en sut gré ; vingt têtes couronnées
Daignerent applaudir mes veilles fortunées,
Tandis que Patouillet m'injuriait en vain.

    J'ai fait plus en mon temps que Luther et Calvin.
On les vit opposer, par une erreur fatale,
Les abus aux abus, le scandale au scandale ;
Parmi les factions ardents à se jeter, ,
Ils condamnaient le pape et voulaient l'imiter.
L'Europe par eux tous fut long-temps désolée.
Ils ont troublé la terre, et je l'ai consolée.
J'ai dit aux disputants l'un sur l'autre acharnés :
Cessez, impertinents, cessez, infortunés ;
Très sots enfants de Dieu, chérissez-vous en freres,
Et ne vous mordez plus pour d'absurdes chimeres.
Les gens de bien m'ont cru : les frippons écrasés
En ont poussé des cris du sage méprisés ;
Et dans l'Europe enfin l'heureux tolérantisme
De tout esprit bien fait devient le catéchisme.

    Je vois venir de loin ces temps, ces jours sereins,
Où la philosophie éclairant les humains
Doit les conduire en paix aux pieds du commun
     .maitre :
Le fanatisme affreux tremblera d'y paraitre ;
On aura moins de dogme avec plus de vertu.

    Si quelqu'un d'un emploi veut être revêtu,
Il n'amenera plus deux témoins à sa suite
Jurer quelle est sa foi, mais quelle est sa conduite ;
A l'attrayante sœur d'un gros bénéficier
Un amant huguenot pourra se marier ;
Des trésors de Lorette, amassés pour Marie,
On verra l'indigence habillée et nourrie ;

Les enfants de Sara', que nous traitons de chiens,
Mangeront du jambon fumé par des chrétiens;
Le Turc, sans s'informer si l'imau lui pardonne,
Chez l'abbé Tamponet ira boire en Sorbonne;
Mes neveux souperont sans rancune et gaîment
Avec les héritiers des freres Pompignan;
Ils pourront pardonner au pincé la Blétrie
D'avoir coupé trop tôt la trame de ma vie;
Entre les beaux esprits on verra l'union;
Mais qui pourra jamais souper avec Fréron?

~~~~~~

XCVIII. A L'IMPÉRATRICE DE RUSSIE, CATHERINE II.

(1771.)

Eleve d'Apollon, de Thémis, et de Mars,
Qui sur ton trône auguste as placé les beaux arts,
Qui penses en grand homme, et qui permets qu'on
        pense;
Toi qu'on voit triompher du tyran de Byzance,
Et des sots préjugés, tyrans plus odieux;
Prête à ma faible voix des sons mélodieux;
A mon feu qui s'éteint rends sa clarté première;
C'est du Nord aujourd'hui que nous vient la lumière.
    On m'a trop accusé d'aimer peu Moustapha,
Ses visirs, ses divans, son muphti, ses fetfa;
Fetfa! ce mot arabe est bien dur à l'oreille;
On ne le trouve point chez Racine et Corneille;
Du dieu de l'harmonie il fait frémir l'archet:
On l'exprime en français par *lettres de cachet*.
    Oui, je les hais, madame, il faut que je l'avoue.
Je ne veux point qu'un Turc à son plaisir se joue
Des droits de la nature et des jours des humains;

Qu'un bacha dans mon sang trempe à son gré ses
    mains ;
Que, prenant pour sa loi sa pure fantaisie,
Le visir au bacha puisse arracher la vie,
Et qu'un heureux sultan, dans le sein du loisir,
Ait le droit de serrer le cou de son visir.
Ce code en mon esprit fait naître des scrupules.
Je ne saurais souffrir les affronts ridicules
Que d'un faquin châtré les grossieres hauteurs
Font subir gravement à nos ambassadeurs.
Tu venges l'univers en vengeant la Russie.
Je suis homme, je pense; et je te remercie.
    Puissent les dieux sur-tout, si ces dieux éternels
Entrent dans les débats des malheureux mortels,
Puissent ces purs esprits émanés du grand Etre,
Ces moteurs des destins, ces confidents du maitre,
Que jadis dans la Grece imagina Platon,
Conduire tes guerriers aux champs de Marathon,
Aux remparts de Platée, aux murs de Salamine!
Que, sortant des débris qui couvrent sa ruine,
Athenes ressuscite à ta puissante voix !
    Rends-lui son nom, ses dieux, ses talents, et ses lois.
Les descendants d'Hercule, et la race d'Homere,
Sans cœur et sans esprit couchés dans la poussiere,
A leurs divins aïeux craignant de ressembler,
Sont des frippons rampants qu'un aga fait trembler.
Ainsi dans la cité d'Horace et de Scévole
On voit des récollets aux murs du capitole ;
Ainsi cette Circé qui savait dans son temps
Disposer de la lune et des quatre éléments,
Gourmandant la nature au gré de son caprice,
Changeait en chiens barbets les compagnons d'Ulysse.
Tu changeras les Grecs en guerriers généreux ;
Ton esprit à la fin se répandra sur eux.
Ce n'est point le climat qui fait ce que nous sommes.
    Pierre était créateur, il a formé des hommes.

Tu formes des héros.... Ce sont les souverains
Qui font le caractere et les mœurs des humains.
Un grand homme du temps a dit dans un beau livre :
Quand Auguste buvait, la Pologne était ivre.
Ce grand homme a raison. Les exemples d'un roi
Feraient oublier Dieu, la nature, et la loi.
Si le prince est un sot, le peuple est sans génie.

 Qu'un vieux sultan s'endorme avec l'ignominie
Dans les bras de l'orgueil et d'un repos fatal,
Ses bachas assoupis le serviront fort mal.
Mais Catherine veille au milieu des conquêtes;
Tous ses jours sont marqués de combats et de fêtes;
Elle donne le bal, elle dicte des lois,
De ses braves soldats dirige les exploits,
Par les mains des beaux arts enrichit son empire,
Travaille jour et nuit, et daigne encor m'écrire;
Tandis que Moustapha, caché dans son palais,
Bâille, n'a rien à faire, et ne m'écrit jamais.

 Si quelque chiaoux lui dit que sa hautesse
A perdu cent vaisseaux dans les mers de la Grece;
Que son visir battu s'enfuit très à propos;
Qu'on lui prend la Dacie, et Nimphée, et Colchos,
Colchos où Mithridate expira sons Pompée,
De tous ces vains propos son ame est peu frappée;
Jamais de Mithridate il n'entendit parler:
Il prend sa pipe, il fume; et, pour se consoler,
Il va dans son harem, où languit sa maîtresse,
Fatiguer ses appas de sa molle faiblesse.
Son vieil eunuque noir, témoin de son transport,
Lui dit qu'il est Hercule; il le croit, et s'endort.
O sagesse des Dieux! je te crois très profonde;
Mais à quels plats tyrans as-tu livré le monde!
Acheve, Catherine, et rends tes ennemis,
Le grand Turc, et les sots, éclairés et soumis.

XCIX.   Au roi de Suede, GUSTAVE III.

(1771.)

Gustave, jeune roi, digne de ton grand nom,
Je n'ai donc pu goûter le plaisir et la gloire
De voir dans mes déserts, en mon humble maison,
Le fils de ce héros que célébra l'histoire !
J'aurais cru ressembler à ce vieux Philémon
Qui recevait les Dieux dans son pauvre hermitage.
Je les aurais connus à leur noble langage,
A leurs mœurs, à leurs traits, sur-ton tà leur bonté (1) ;
Ils n'auraient point rougi de ma simplicité ;
Et Gustave, sur-tout, pour le prix de mon zele,
N'aurait jamais changé mon logis en chapelle.
Je serais peu content que le pouvoir divin
En un dortoir béni transformât mon jardin,
De ma salle à manger fît une sacristie :
La grand'messe pour moi n'a que peu d'harmonie ;
En vain mes chers vassaux me croiraient honoré
Si le seigneur du lieu devenait leur curé.
J'ai le cœur très profane, et je sais me connaître ;
Je ne me flatte pas de me voir jamais prêtre ;
Si Philémon le fut pour un mauvais souper,
L'éclat de ce haut rang ne saurait me frapper.
    Le grand roi des Bretons, qu'à S.-Pierre on con-
        damne,
Est le premier prélat de l'Eglise anglicane.
Sur les bords du Volga Catherine tient lieu
D'un grave patriarche, ou, si l'on veut, de Dieu.
De cette ambition je n'ai point l'ame éprise,

(1) Le prince son frere était avec lui.

Et je suis tout au plus serviteur de l'Eglise.
J'aurais mis mon bonheur à te faire ma cour,
A contempler de près tout l'esprit de ta mere
Qui forma tes beaux ans dans le grand art de plaire,
A revoir Sans-souci, ce fortuné séjour
Où regnent la victoire et la philosophie,
Où l'on voit le pouvoir avec la modestie.
Jeune héros du Nord, entouré de héros,
A ces nobles plaisirs je ne puis plus prétendre :
Il ne m'est pas permis de te voir, de t'entendre.
Je reste en ma chaumiere, attendant qu'Atropos
Tranche le fil usé de ma vie inutile;
Et je crie aux destins, du fond de mon asyle :
« Destins, qui faites tout, et qui trompez nos vœux
« Ne trompez pas les miens ; rendez Gustave heureux. »

~~~~~~

C. AU ROI DE DANNEMARCK,

CHRISTIAN VII.

sur la liberté de la presse accordée dans tous ses états.

(1771)

Monarque vertueux, quoique né despotique,
Crois-tu régner sur moi de ton golfe baltique?
Suis-je un de tes sujets pour me traiter comme eux,
Pour consoler ma vie, et pour me rendre heureux?
Peu de rois, comme toi, transgressent les limites
Qu'à leur pouvoir sacré la nature a prescrites.
L'empereur de la Chine, à qui j'écris souvent,
Ne m'a pas jusqu'ici fait un seul compliment.
Je suis plus satisfait de l'auguste amazone,
Qui du gros Moustapha vient d'ébranler le trône;

Et Stanislas le sage, et Frédéric le grand
(Avec qui j'eus jadis un petit différent),
Font passer quelquefois dans mes humbles retraites
Des bontés dont la Suisse embellit ses gazettes.

    Avec Ganganelli je ne suis pas si bien ;
Sur mon voyage en Prusse il m'a cru peu chrétien.
Ce pape s'est trompé, bien qu'il soit infaillible.

    Mais, sans examiner ce qu'on doit à la bible,
S'il vaut mieux dans ce monde être pape que roi,
S'il est encor plus doux d'être obscur comme moi,
Des déserts du Jura ma tranquille vieillesse
Ose se faire entendre à ta sage jeunesse ;
Et libre avec respect, hardi sans être vain,
Je me jette à tes pieds au nom du genre humain:
Il parle par ma voix, il bénit ta clémence ;
Tu rends ses droits à l'homme, et tu permets qu'on
        pense.
Sermons, romans, physique, ode, histoire, opéra,
Chacun peut tout écrire ; et siffle qui voudra.

    Ailleurs on a coupé les ailes à Pégase.
Dans Paris quelquefois un commis à la phrase
Me dit : « A mon bureau venez vous adresser ;
« Sans l'agrément du roi vous ne pouvez penser ;
« Pour avoir de l'esprit allez à la police ;
« Les filles y vont bien sans qu'aucune en rougisse ;
« Leur métier vaut le vôtre, il est cent fois plus doux ;
« Et le public sensé leur doit bien plus qu'à vous. »

    C'est donc ainsi, grand roi, qu'on traite le Parnasse,
Et les suivants honnis de Plutarque et d'Horace !
Bélisaire à Paris ne peut rien publier
S'il n'est pas de l'avis de monsieur Ribalier.

    Hélas ! dans un Etat l'art de l'imprimerie
Ne fut en aucun temps fatal à la patrie.
Les pointes de Voiture, et l'orgueil des grands mots,
Que prodigua Balzac assez mal-à-propos,
Les romans de Scarron n'ont point troublé le monde ;

Chapelain ne fit point la guerre de la Fronde.
Chez le Sarmate altier la discorde en fureur
Sous un roi sage et doux semant par-tout l'horreur,
De l'empire ottoman la splendeur éclipsée,
Sous l'aigle de Moscow sa force terrassée,
Tous ces grands mouvements seraient-ils donc l'effet
D'un obscur commentaire ou d'un méchant sonnet?
Non; lorsqu'aux factions un peuple entier se livre,
Quand nous nous égorgeons, ce n'est pas pour un
    livre.
   Hé, quel mal après tout peut faire un pauvre au-
    teur?
Ruiner son libraire, excéder son lecteur,
Faire siffler par-tout sa charlatanerie,
Ses creuses visions, sa folle théorie.
Un livre est-il mauvais, rien ne peut l'excuser;
Est-il bon, tous les rois ne peuvent l'écraser.
On le supprime à Rome, et dans Londre on l'admire;
Le pape le proscrit, l'Europe le veut lire.
   Un certain charlatan, qui s'est mis en crédit,
Prétend qu'à son exemple on n'ait jamais d'esprit.
Tu n'y parviendras pas, apostat d'Hippocrate;
Tu guérirais plutôt les vapeurs de ma rate:
Va, cesse de vexer les vivants et les morts;
Tyran de ma pensée, assassin de mon corps,
Tu peux bien empêcher tes malades de vivre,
Tu peux les tuer tous, mais non pas un bon livre.
Tu les brûles, Jérôme; et de ces condamnés
La flamme, en m'éclairant, noircit ton vilain nez.
   Mais voilà, me dis-tu, des phrases mal-sonnantes,
Sentant son philosophe, au vrai même tendantes:
Hé bien, réfute-les; n'est-ce pas ton métier?
Ne peux-tu comme moi barbouiller du papier?
Le public à profit met toutes nos querelles;
De nos cailloux frottés il sort des étincelles,
La lumière en peut naître; et nos grands érudits

Ne nous ont éclairés qu'en étant contredits.
Sifflez-moi librement, je vous le rends, mes freres.
Sans le droit d'examen et sans les adversaires
Tout languit, comme à Rome, où depuis huit cents ans
Le tranquille esclavage écrasa les talents.

    Tu ne veux pas, grand roi, dans ta juste indul-
        genee,
Que cette liberté dégénere en licence,
Et c'est aussi le vœu de tous les gens sensés ;
A conserver les mœurs ils sont intéressés ;
D'un écrivain pervers ils font toujours justice.

    Tous ces libelles vains dictés par l'avarice,
Enfants de l'impudence élevés chez Marteau,
Y trouvent en naissant un éternel tombeau.

    Que dans l'Europe entiere on me montre un libelle
Qui ne soit pas couvert d'une honte éternelle,
Ou qu'un oubli profond ne retienne englouti
Dans le fond du bourbier dont il était sorti !

    On punit quelquefois et la plume et la langue,
D'un ligueur turbulent la dévote harangue,
D'un Guignard, d'un Bourgoin les horribles sermons,
Au nom de Jésus-Christ prêchés par des démons.

    Mais quoi ! si quelque main dans le sang s'est
        trempée,
Vous est-il défendu de porter une épée ?
En coupables propos si l'on peut s'exhaler,
Doit-on faire une loi de ne jamais parler ?
Un cuistre en son taudis compose une satire ;
En ai-je moins le droit de penser et d'écrire ?
Qu'on punisse l'abus, mais l'usage est permis.

    De l'auguste raison les sombres ennemis
Se plaignent quelquefois de l'inventeur utile
Qui fondit en métal un alphabet mobile,
L'arrangea sous la presse, et sut multipliér
Tout ce que notre esprit peut transmettre au papier.
Cet art, disait Royer, a troublé des familles ;

Il a trop raffiné les garçons et les filles.
Je le veux; mais aussi quels biens n'a-t-il pas faits?
Tout peuple, excepté Rome, a senti ses bienfaits.
Avant qu'un Allemand trouvât l'imprimerie,
Dans quel cloaque affreux barbotait ma patrie!
Quel opprobre, grand Dieu, quand un peuple indigent
Courait à Rome à pied porter son peu d'argent,
Et revenait, content de la sainte Madône,
Chantant sa litanie, et demandant l'aumône!
Du temple au lit d'hymen un jeune époux conduit
Payait au sacristain pour sa premiere nuit;
Un testateur mourant sans léguer à saint Pierre
Ne pouvait obtenir l'honneur du cimetiere;
Enfin tout un royaume interdit et damné
Au premier occupant restait abandonné,
Quand, du pape et de Dieu s'attirant la colere,
Le roi, sans payer Rome, épousait sa commere.
   Rois, qui brisa les fers dont vous étiez chargés?
Qui put vous affranchir de vos vieux préjugés?
Quelle main favorable à vos grandeurs suprêmes
A du triple bandeau vengé cent diadèmes?
Qui, du fond de son puits tirant la vérité,
A su donner une ame au public hébété?
Les livres ont tout fait; et, quoi qu'on puisse dire,
Rois, vous n'avez régné que lorsqu'on a su lire.
Soyez reconnaissants, aimez les bons auteurs:
Il ne faut pas du moins vexer vos bienfaiteurs.
Et comptez-vous pour rien les plaisirs qu'ils vous
     donnent,
Plaisirs purs que jamais les remords n'empoisonnent?
Les pleurs de Melpomene et les ris de sa sœur
N'ont-ils jamais guéri votre mauvaise humeur?
Souvent un roi s'ennuie; il se fait lire à table
De Charle ou de Louis l'histoire véritable:
Si l'auteur fut gêné par un censeur bigot,
Ne décidez-vous pas que l'auteur est un sot?

Il faut qu'il soit.à l'aise ; il faut que l'aigle altiere
Des airs à son plaisir franchisse la carriere. -
Je ne plains point un bœuf au joug accoutumé,
C'est pour baisser son cou que le ciel l'a formé;
Au cheval qui vous porte un mors est nécessaire ;
Un moine est de ses fers esclave volontaire :
Mais au mortel qui pense on doit la liberté.
Des neuf savantes sœurs le Parnasse habité
Serait-il un couvent sous une mere abbesse,
Qu'un évêque bénit , et qu'un Grizel confesse ?
   On ne leur dit jamais : Gardez-vous bien , ma sœur,
De vous mettre à penser sans votre directeur ;
Et, quand vous écrirez sur l'almanach de Liege
Ne parlez des saisons qu'avec un privilege.
Que dirait Uranie à ces plaisants propos ?
Le Parnasse ne veut ni tyrans ni bigots ;
C'est une république éternelle et suprême
Qui n'admet d'autre loi que la loi de Thélême ;
Elle est plus libre encor que le vaillant Bernois,
Le noble de Venise, et l'esprit genevois ;
D'un bout du monde à l'autre elle étend son empire;
Parmi ses citoyens chacun voudrait s'inscrire.
Chez nos sœurs , ô grand roi , le droit d'égalité,
Ridicule à la cour, est toujours respecté :
Mais leur gouvernement, à tant d'autres contraire,
Ressemble encore au tien, puisqu'à tous il sait plaire.

CI. AU ROI DE LA CHINE,

sur son recueil de vers qu'il a fait imprimer.

(1771.)

Reçois mes compliments, charmant roi de la Chine.
Ton trône est donc placé sur la double colline !

On sait dans l'Occident que, malgré mes travers,
J'ai toujours fort aimé les rois qui font des vers.
David même me plut, quoiqu'à parler sans feinte
Il prône trop souvent sa triste cité sainte,
Et que d'un même ton sa muse à tout propos
Fasse danser les monts et reculer les flots.
Frédéric a plus d'art, et connaît mieux son monde;
Il est plus varié, sa veine est plus féconde :
Il a lu son Horace, il l'imite; et vraiment
Ta majesté chinoise en devrait faire autant.
    Je vois avec plaisir que sur notre hémisphere
L'art de la poésie à l'homme est nécessaire;
Qui n'aime point les vers a l'esprit sec et lourd.
Je ne veux point chanter aux oreilles d'un sourd.
Les vers sont en effet la musique de l'ame.
    O toi que sur le trône un feu céleste enflamme,
Dis-moi si ce grand art dont nous sommes épris
Est aussi difficile à Pékin qu'à Paris;
Ton peuple est-il soumis à cette loi si dure
Qui veut qu'avec six pieds d'une égale mesure,
De deux alexandrins côte à côte marchants,
L'un serve pour la rime, et l'autre pour le sens?
Si bien que, sans rien perdre, en bravant cet usage;
On pourrait retrancher la moitié d'un ouvrage.
    Je me flatte, grand roi, que tes sujets heureux
Ne sont point opprimés sous ce joug onéreux,
Plus importun cent fois que les aides, gabelles,
Contrôle, édits nouveaux, remontrances nouvelles,
Bulle *Unigenitus*, billets aux confessés,
Et le refus d'un gîte aux chrétiens trépassés.
    Parmi nous le sentier qui mene aux deux collines
Ainsi que tout le reste est parsemé d'épines.
A la Chine, sans doute, il n'en est pas ainsi.
Les biens sont loin de nous, et les maux sont ici :
C'est de l'esprit francais la devise éternelle.
    Je veux m'y conformer, et d'un crayon fidele

Peindre notre Parnasse à tes regards chinois.
Ecoute ; mon partage est d'ennuyer les rois.
Tu sais (car l'univers est plein de nos querelles)
Quels débats inhumains, quelles guerres cruelles
Occupent tous les mois l'infatigable main
Des sales héritiers d'Etienne et de Plantin.
Cent rames de journaux, des rats fatale proie,
Sont le champ de bataille où le sort se déploie.
C'est là qu'on vit briller ce grave magistrat
Qui vint de Montauban pour gouverner l'Etat.
Il donna des leçons à notre académie,
Et fut très mal payé de tant de prud'hommie.
Du jansénisme obscur le fougueux gazetier
Aux beaux esprits du temps ne fait aucun quartier.
Hayer poursuit de loin les encyclopédistes ;
Linguet fond en courroux sur les économistes ;
A brûler les païens Ribalier se morfond ;
Beaumont pousse à Jean-Jacque, et Jean-Jacque à
     Beaumont ;
Palissot contre eux tous puissamment s'évertue :
Que de fiel s'évapore, et que d'encre est perdue !
Parmi les combattants vient un rimeur gascon,
Prédicant petit-maître, ami d'Aliboron,
Qui pour se signaler refait la Henriade ;
Et tandis qu'en secret chacun se persuade
De voler en vainqueur au haut du mont sacré,
On vit dans l'amertume, et l'on meurt ignoré ;
La discorde est par-tout, et le public s'en raille.
On se hait au Parnasse encor plus qu'à Versaille.
Grand roi, de qui les vers et l'esprit sont si doux,
Crois-moi, reste à Pékin, ne viens jamais chez nous.
    Aux bords du fleuve jaune un peuple entier t'ad-
     mire ;
Tes vers seront toujours très bons dans ton empire ;
Mais gare que Paris ne flétrit tes lauriers !
Les Français sont malins et sont grands chansonniers.

Les trois rois d'Orient que l'on voit chaqué année,
Sur les pas d'une étoile à marcher obstinée,
Combler l'enfant Jésus des plus rares présents,
N'emportent de Paris, pour tous remercîments,
Que des couplets fort gais qu'on chante sans scrupule ;
Collé dans ses refrains les tourne en ridicule.
Les voilà bien payés d'apporter un trésor !
Tout mon étonnement est de les voir encor.

Le roi, me diras-tu, de la zone cimbrique,
Accompagné par-tout de l'estime publique,
Vit Paris sans rien craindre, et régna sur les cœurs ;
On respecta son nom comme on chérit ses mœurs.
Oui ; mais cet heureux roi, qu'on aime et qu'on révere,
Se connait en grands vers, et se garde d'en faire.
Nous ne les aimons plus ; notre goût s'est usé,
Boileau, craint de son siecle, au nôtre est méprisé :
Le tragique, étonné de sa métamorphose,
Fatigué de rimer, va ne pleurer qu'en prose.
De Moliere oublié le sel s'est affadi.

En vain, pour ranimer le Parnasse engourdi,
Du peintre des saisons la main féconde et pure
Des plus brillantes fleurs a paré la nature ;
Vainement, de Virgile élégant traducteur,
De Lille a quelquefois égalé son auteur :
D'un siecle dégoûté la démence imbécille
Préfere les remparts et Vaux-hall à Virgile ;
Ou verrait Cicéron sifflé dans le palais.

Le léger vaudeville et les petits couplets
Maintiennent notre gloire à l'opéra comique ;
Tout le reste est passé ; le sublime est gothique.
N'expose point ta muse à ce peuple inconstant.
Les Frérons te loûraient pour quelque argent comp-
          tant ;
Mais tu serais peu lu, malgré tout ton génie,
Des gens qu'on nomme ici la bonne compagnie.
Pour réussir en France il faut prendre son temps.

Tu seras bien reçu de quelques grands savants
Qui pensent qu'à Pékin tout monarque est athée,
Et que la compagnie autrefois tant vantée,
En disant à la Chine un éternel adieu,
Vous a permis à tous de renoncer à Dieu.
Mais, sans approfondir ce qu'un Chinois doit croire,
Séguier t'affublerait d'un beau réquisitoire ;
La cour pourrait te faire un fort mauvais parti,
Et *blâmer* par arrêt tes vers et ton *Changti.*

    La Sorbonne en latin (mais non sans solécismes)
Soutiendra que ta muse a besoin d'exorcismes ;
Qu'il n'est de gens de bien *que nous et nos amis ;*
Que l'enfer, grace à Dieu, t'est pour jamais promis.
Dispensateurs fourrés de la vie éternelle,
Ils ont rôti Trajan et bouilli Marc-Aurele.
Ils t'en feront autant ; et, par-tout condamné,
Tu ne seras venu que pour être damné.

    Le monde en factions dès long-temps se partage ;
Tout peuple a sa folie ainsi que son usage.
Ici les Ottomans, bien sûrs que l'Eternel
Jadis à Mahomet députa Gabriel,
Vont se laver le coude aux bassins des mosquées ;
Plus loin du grand lama les reliques musquées
Passent de son derriere au cou des plus grands rois.

    Quand la troupe écarlate à Rome a fait un choix,
L'élu, fût-il un sot, est dès lors infaillible.
Dans l'Inde le Veidam, et dans Londres la Bible,
A l'hôpital des fous ont logé plus d'esprits
Que Grizel n'a trouvé de dupes à Paris.

    Monarque au nez camus des fertiles rivages
Peuplés, à ce qu'on dit, de frippons et de sages,
Regne en paix, fais des vers, et goûte de beaux jours ;
Tandis que, sans argent, sans amis, sans secours,
Le mogol est errant dans l'Inde ensanglantée,
Que d'orages nouveaux la Perse est agitée,
Qu'une pipe à la main, sur un large sofa

Mollement étendu, le pesant Moustapha
Voit le Russe entasser des victoires nouvelles
Des rives de l'Araxe au bord des Dardanelles,
Et qu'un bacha du Caire à sa place est assis
Sur le trône où les chats régnaient avec Isis.

Nous autres cependant, au bout de l'hémisphere,
Nous, des Velches grossiers postérité légere,
Livrons-nous en riant, dans le sein des loisirs,
A nos frivolités que nous nommons plaisirs;
Et puisse, en corrigeant trente ans d'extravagances,
Monsieur l'abbé Terrai rajuster nos finances!

CII. A HORACE.

(1771.)

Toujours ami des vers, et du diable poussé,
Au rigoureux Boileau j'écrivis l'an passé.
Je ne sais si ma lettre aurait pu lui déplaire;
Mais il me répondit par un plat secrétaire,
Dont l'écrit froid et long, déja mis en oubli,
Ne fut jamais connu que de l'abbé Mabli.

Je t'écris aujourd'hui, voluptueux Horace,
A toi qui respiras la mollesse et la grace,
Qui, facile en tes vers et gai dans tes discours,
Chantas les doux loisirs, les vins, et les amours,
Et qui connus si bien cette sagesse aimable
Que n'eut point de Quinault le rival intraitable.

Je suis un peu fâché pour Virgile et pour toi
Que tous deux nés Romains vous flattiez tant un roi.
Mon Frédéric du moins, né roi très légitime,
Ne doit point ses grandeurs aux bassesses du crime.
Ton maître était un fourbe, un tranquille assassin;
Pour voler son tuteur il lui perça le sein;

Il trahit Cicéron pere de la patrie ;
Amaut incestueux de sa fille Julie,
De son rival Ovide il proscrivit les vers,
Et fit transir sa muse au milieu des déserts.
Je sais que prudemment ce politique Octave
Payait l'heureux encens d'un plus adroit esclave.
Frédéric exigeait des soins moins complaisants ;
Nous soupions avec lui sans lui donner d'encens ;
De son goût délicat la finesse agréable
Faisait, sans nous gêner, les honneurs de sa table ;
Nul roi ne fut jamais plus fertile en bons mots
Contre les préjugés, les frippons, et les sots.
Maupertuis gâta tout. L'orgueil philosophique
Aigrit de nos beaux jours la douceur pacifique.
Le plaisir s'envola ; je partis avec lui.
   Je cherchai la retraite. On disait que l'ennui
De ce repos trompeur est l'insipide frere.
Oui, la retraite pese à qui ne sait rien faire ;
Mais l'esprit qui s'occupe y goûte un vrai bonheur.
Tibur était pour toi la cour de l'empereur ;
Tibur, dont tu nous fais l'agréable peinture,
Surpassa les jardins vantés par Epicure.
Je crois Ferney plus beau. Les regards étonnés,
Sur cent vallons fleuris doucement promenés,
De la mer de Geneve admirent l'étendue ;
Et les Alpes de loin, s'élevant dans la nue,
D'un long amphithéâtre enferment ces côteaux
Où le pampre en festons rit parmi les ormeaux.
Là quatre Etats divers arrêtent ma pensée :
Je vois de ma terrasse, à l'équerre tracée,
L'indigent Savoyard, utile en ses travaux,
Qui vient couper mes blés pour payer ses impôts
Des riches Genevois les campagnes brillantes,
Des Bernois valeureux les cités florissantes,
Enfin cette Comté, franche aujourd'hui de nom,
Qu'avec l'or de Louis conquit le grand Bourbon :

Et du bord de mon lac à tes rives du Tibre
Je te dis, mais tout bas, Heureux un peuple libre!
　　Je le suis en secret dans mon obscurité.
Ma retraite et mon âge ont fait ma sûreté.
D'un pédant d'Annecy j'ai confondu la rage,
J'ai ri de sa sottise ; et quand mon hermitage
Voyait dans son enceinte arriver à grands flots
De cent divers pays les belles, les héros,
Des rimeurs, des savants, des têtes couronnées,
Je laissais du vilain les fureurs acharnées
Hurler d'une voix rauque au bruit de mes plaisirs.
Mes sages voluptés n'ont point de repentirs.
J'ai fait un peu de bien ; c'est mon meilleur ouvrage.
Mon séjour est charmant; mais il était sauvage :
Depuis le grand'édit, inculte, inhabité,
Ignoré des humains dans sa triste beauté,
La nature y mourait: je lui portai la vie ;
J'osai ranimer tout. Ma pénible industrie
Rassembla des colons par la misere épars;
J'appelai les métiers qui précedent les arts ;
Et, pour mieux cimenter mon utile entreprise,
J'unis le protestant avec ma sainte église.
　　Toi qui vois d'un même œil frere Ignace et Calvin,
Dieu tolérant, Dieu bon, tu bénis mon dessein :
André Ganganelli, ton sage et doux vicaire,
Sait m'approuver en roi, s'il me blâme en saint-pere.
L'ignorance en frémit : et Nonotte hébété
S'indigne en son taudis de ma félicité.
　　Ne me demande pas ce que c'est qu'un Nonotte,
Un Ignace, un Calvin, leur cabale bigotte,
Un prêtre roi de Rome, un pape, un vice-dieu,
Qui, deux clefs à la main, commande au même lieu
Où tu vis le sénat aux genoux de Pompée,
Et la terre en tremblant par César usurpée;
Aux champs élysiens tu dois en être instruit;
Vingt siecles descendus dans l'éternelle nuit

T'out dit comme tout change, et par quel sort bizarre
Le laurier des Trajans fit place à la tiare;
Comment ce fou d'Ignace, étrillé dans Paris,
Fut mis au rang des saints, même des beaux esprits,
Comment il en déchut, et par quelle aventure
Nous vint l'abbé Nouotte après l'abbé de Pure.

Ce monde, tu le sais, est un mouvant tableau,
Tantôt gai, tantôt triste, éternel et nouveau.
L'empire des Romains finit par Augustule;
Aux horreurs de la fronde a succédé la bulle :
Tout passe, tout périt, hors ta gloire et ton nom.
C'est là le sort heureux des vrais fils d'Apollon.
Tes vers en tout pays sont cités d'âge en âge.

Hélas! je n'aurai point un pareil avantage.
Notre langue un peu seche et sans inversions
Peut-elle subjuguer les autres nations?
Nous avons la clarté, l'agrément, la justesse;
Mais égalerons-nous l'Italie et la Grece?
Est-ce assez en effet d'une heureuse clarté,
Et ne péchons-nous pas par l'uniformité?
Sur vingt tons différents tu sus monter ta lyre;
J'entends ta Lalagé, je vois son doux sourire;
Je n'ose te parler de ton Ligurinus,
Mais j'aime ton Mécene, et ris de Catius.
Je vois de tes rivaux l'importune phalange :
Sous tes traits redoublés enterrés dans la fange,
Que pouvaient contre toi ces serpents ténébreux?
Mécene et Pollion te défendaient contre eux.
Il n'en est pas ainsi chez nos Velches modernes.

Un vil tas de grimauds, de rimeurs subalternes,
A la cour quelquefois a trouvé des prôneurs;
Ils font dans l'antichambre entendre leurs clameurs,
Souvent en balayant dans une sacristie,
Ils traitent un grand roi d'hérétique et d'impie.
L'un dit que mes écrits, à Cramer bien vendus,
Ont fait dans mon épargne entrer cent mille écus;

L'autre, que j'ai traité la Genese de fable,
Que je n'aime point Dieu, mais que je crains le diable;
Soudain Fréron l'imprime ; et l'avocat Marchand
Prétend que je suis mort, et fait mon testament.
Un autre, moins plaisant, mais plus hardi faussaire,
Avec deux faux témoins s'en va chez un notaire,
Au mépris de la langue, au mépris de la hart,
Rédiger mon symbole en patois savoyard.
  Ainsi lorsqu'un pauvre homme, au fond de sa
   chaumiere,
En dépit de Tissot, finissait sa carriere,
On vit avec surprise une troupe de rats
Pour lui ronger les pieds se glisser dans ses draps.
  Chassons loin de chez moi tous ces rats du Parnasse;
Jouissons, écrivons, vivons, mon cher Horace.
J'ai déja passé l'âge où ton grand protecteur,
Ayant joué son rôle en excellent acteur,
Et sentant que la mort assiégeait sa vieillesse,
Voulut qu'on l'applaudît lorsqu'il finit sa piece.
J'ai vécu plus que toi; mes vers dureront moins;
Mais au bord du tombeau je mettrai tous mes soins
A suivre les leçons de ta philosophie,
A mépriser la mort en savourant la vie,
A lire tes écrits pleins de grace et de sens,
Comme on boit d'un vin vieux qui rajeunit les sens.
  Avec toi l'on apprend à souffrir l'indigence,
A jouir sagement d'une honnête opulence,
A vivre avec soi-même, à servir ses amis,
A se moquer un peu de ses sots ennemis,
A sortir d'une vie ou triste ou fortunée
En rendant grace aux dieux de nous l'avoir donnée.
Aussi, lorsque mon pouls inégal et pressé
Faisait peur à Tronchin, près de mon lit placé,
Quand la vieille Atropos, aux humains si sévere,
Approchait ses ciseaux de ma trame légere,
Il a vu de quel air je prenais mon congé.

16.

Il sait si mon esprit, mon cœur était changé.
Hubert me faisait rire avec ses pasquinades,
Et j'entrais dans la tombe au son de ses aubades.

    Tu dus finir ainsi. Tes maximes, tes vers,
Ton esprit juste et vrai, ton mépris des enfers,
Tout m'assure qu'Horace est mort en honnête homme;
Le moindre citoyen mourait ainsi dans Rome.

    Là jamais on ne vit monsieur l'abbé Grizel
Ennuyer un malade au nom de l'Eternel,
Et, fatiguant en vain ses oreilles lassées,
Troubler d'un sot effroi ses dernieres pensées.

    Voulant réformer tout, nous avons tout perdu.
Quoi donc! un vil mortel, un ignorant tondu,
Au chevet de mon lit viendra sans me connaître
Gourmander ma faiblesse et me parler en maître!
Ne suis-je pas en droit de rabaisser son ton
En lui faisant moi-même un plus sage sermon?
A qui se porte bien qu'on prêche la morale;
Mais il est ridicule en notre heure fatale
D'ordonner l'abstinence à qui ne peut manger;
Un mort dans son tombeau ne peut se corriger.
Profitons bien du temps; ce sont là tes maximes.

    Cher Horace, plains-moi de les tracer en rimes;
La rime est nécessaire à nos jargons nouveaux,
Enfants demi-polis des Normands et des Goths;
Elle flatte l'oreille; et souvent la césure
Plaît, je ne sais comment, en rompant la mesure.
Des beaux vers pleins de sens le lecteur est charmé,
Corneille, Despréaux et Racine ont rimé.
Mais j'apprends qu'aujourd'hui Melpomene propose
D'abaisser son cothurne, et de parler en prose.

CIII. BENALDAKI A CARAMOUFTEE,

FEMME DE GIAFAR LE BARMÉCIDE.

(1771.)

De Barmécide épouse généreuse,
Toujours aimable et toujours vertueuse,
Quand vous sortez des rives de Bagdat,
Quand vous quittez leur faux et triste éclat,
Et que, tranquille aux champs de la Syrie,
Vous retrouvez votre belle patrie ;
Quand tous les cœurs en ces climats heureux
Sont sur la route, et vous suivent tous deux,
Votre départ est un triomphe auguste ;
Chacun bénit Barmécide le juste ;
Et la retraite est pour vous une cour,
Nul intérêt : vous régnez par l'amour ;
Un tel empire est le seul qui nous flatte.
    Je vis hier sur les bords de l'Euphrate,
Gens de tout âge et de tous les pays ;
Je leur disais : Qui vous a réunis ?
— C'est Barmécide. Et toi, quel dieu propice
T'a relevé du fond du précipice ?
— C'est Barmécide. Et qui t'a décoré,
De ce cordon dont je te vois paré ?
Toi, mon ami, de qui tiens-tu ta place,
Ta pension ? Qui t'a fait cette grace ?
— C'est Barmécide. Il répandait le bien
De son calife, et prodiguait le sien.
Et les enfants répétaient, Barmécide !
Ce nom sacré sur nos levres réside
Comme en nos cœurs. Le calife à ce bruit,
Qui redoublait encor pendant la nuit,

Nous défendit de crier davantage :
Chacun se tut, ainsi qu'il est d'usage ;
Mais les échos répétèrent cent fois :
'C'est Barmécide ; et leur bruyante voix
Du doux sommeil priva, pour son dommage,
Le commandeur des croyants de notre âge.
Au point du jour alors qu'il s'endormit,
Tout en rêvant, le calife redit : -
C'est Barmécide ; et bientôt sa sagesse
A ranimé sa première tendresse.

CIV. A M. D'ALEMBERT.

(1772.)

Esprit juste et profond, parfait ami, vrai sage,
D'Alembert, que dis-tu de mon dernier ouvrage ?
Le roi danois et toi, mes juges souverains,
Vous donnez carte blanche à tous les écrivains.
Le privilege est beau ; mais que faut-il écrire ?
Me permettriez-vous quelques grains de satire ?
Virgile a-t-il bien fait de pincer Mévins ?
Horace a-t-il raison contre Nomentanus ?
Oui, si ces deux Latins montés sur le Parnasse
S'égayaient aux dépens de Virgile et d'Horace.
La défense est de droit, et d'un coup d'aiguillon
L'abeille en tous les temps repoussa le frelon.
La guerre est au Parnasse, au conseil, en Sorbonne :
Allons, défendons-nous, mais n'attaquons personne.
   Vous m'avez endormi, disait ce bon Trublet ;
Je réveillai mon homme à grands coups de sifflet.
Je fis bien : chacun rit, et j'en ris même encore.
La critique a du bon, je l'aime et je l'honore ;
Le parterre éclairé juge les combattants,
Et la saine raison triomphe avec le temps.

Lorsque dans son grenier certain Larcher réclame
La loi qui prostitue et sa fille et sa femme,
Qu'il veut dans Notre-Dame établir son serrail,
On lui dit qu'à Paris plus d'un gentil bercail
Est ouvert aux travaux d'un savant antiquaire;
Mais que jamais la loi n'ordonna l'adultere.
Alors on examine; et le public instruit
Se moque de Larcher qui jure en son réduit.
L'abbé François écrit; le Léthé sur ses rives
Reçoit avec plaisir ses feuilles fugitives.
Tancrede en vers croisés fait-il bâiller Paris?
On m'ennuie à mon tour des plus pesants écrits;
A Danchet, à Brunet le pont-neuf me compare;
On préfere à mes vers Crébillon le barbare;
Cette longue dispute échauffe les esprits.
Alors, du plus beau feu vingt poëtes épris,
De chefs-d'œuvre sans nombre enrichissant la scene,
Sur de sublimes tons font ronfler Melpomene.
Qu'importe que mon nom s'efface dans l'oubli?
L'esprit, le goût s'épure, et l'art est embelli.
   Mais ne pardonnons pas à ces folliculaires,
De libelles affreux écrivains téméraires,
Aux stances de la Grange, aux couplets de Rousseau,
Que Mégere en courroux tira de son cerveau.
Pour gagner vingt écus ce fou de la Beaumelle
Insulte de Louis la mémoire immortelle:
Il croit déshonorer dans ses obscurs écrits
Princes, ducs, maréchaux, qui n'en ont rien appris.
Contre le vil croquant tout honnête homme éclate
Avant que sur sa joue, ou sur son omoplate,
Des rois et des héros les grands noms soient vengés
Par l'empreinte des lis qu'il a tant outragés.
   Ces serpents odieux de la littérature,
Abreuvés de poisons et rampants dans l'ordure,
Sont toujours écrasés sous les pieds des passants,
Vive le cygne heureux qui par ses doux accents

Célébra les saisons, leurs dons, et leurs usages,
Les travaux, les vertus, et les plaisirs des sages ;
Vainement de Dijon l'impudent écolier
Croassa contre lui du fond de son bourbier.
Nous laissons le champ libre à ces petits critiques,
De l'ivrogne Fréron disciples faméliques,
Qui, ne pouvant apprendre un honnête métier,
Devers Saint-Innocent vont salir du papier,
Et sur les dons des dieux porter leurs mains impies ;
Animaux mal-faisants, semblables aux harpies,
De leurs ongles crochus et de leur souffle affreux
Gâtant un bon dîner qui n'était pas pour eux.

CV. AU ROI DE SUEDE, GUSTAVE III.

(1772.)

Jeune et digne héritier du grand nom de Gustave,
Sauveur d'un peuple libre, et roi d'un peuple brave,
Tu viens d'exécuter tout ce qu'on a prévu :
Gustave a triomphé sitôt qu'il a paru.
On t'admire aujourd'hui, cher prince, autant qu'on
      t'aime ;
Tu viens de resaisir les droits du diadème.
Et quels sont en effet ses véritables droits ?
De faire des heureux en protégeant les lois ;
De rendre à son pays cette gloire passée,
Que la discorde obscure a long-temps éclipsée ;
De ne plus distinguer ni bonnets, ni chapeaux ;
Dans un trouble éternel infortunés rivaux ;
De couvrir de lauriers ces têtes égarées
Qu'à leurs dissentions la haine avait livrées,
Et de les réunir sous un roi généreux.
Un état divisé fut toujours malheureux ;

De sa liberté vaine il vante le prestige,
Dans son illusion sa misere l'afflige;
Sans force, sans projets pour la gloire entrepris,
De l'Europe étonnée il devient le mépris.
Qu'un roi ferme et prudent prenne en ses mains les
      rênes,
Le peuple avec plaisir reçoit ses douces chaînes,
Tout change, tout renaît, tout s'anime à sa voix,
On marche alors sans crainte aux pénibles exploits,
On soutient les travaux, on prend un nouvel être;
Et les sujets enfin sont dignes de leur maître.

CVI. A Madame DE SAINT-JULIEN,

née comtesse de la Tour-du-Pin.

Fille de ces dauphins de qui l'extravagance
S'ennuya de régner pour obéir en France,
Femme aimable, honnête homme, esprit libre et hardi,
Qui, n'aimant que le vrai, ne suis que la nature,
Qui méprisas toujours le vulgaire engourdi
      Sous l'empire de l'imposture,
Qui ne conçus jamais la moindre vanité
        Ni de l'éclat de la naissance
        Ni de celui de la beauté,
        Ni du faste de l'opulence;
Tu quittes le fracas des villes et des cours,
Les spectacles, les jeux, tous les riens du grand monde,
      Pour consoler mes derniers jours
      Dans ma solitude profonde :
En habit d'amazone, au fond de mes déserts,
Je te vois arriver plus belle et plus brillante
Que la divinité qui naquit sur les mers.
D'un flambeau dans tes mains la flamme étincelante

Apporte un jour nouveau dans mon obscurité :
Ce n'est point de l'amour le flambeau redoutable,
    C'est celui de la vérité ;
C'est elle qui t'instruit, et tu la rends aimable.

    C'est ainsi qu'auprès de Platon,
    Auprès du vieux Anacréon,
    Les belles nymphes de la Grece
    Accouraient pour donner leçon
    Et de plaisir et de sagesse.

    La légende nous a couté
Que l'on vit sainte Tecle, au public exposée,
Suivant par-tout saint Paul, en homme déguisée,
Braver tous les brocards de la malignité.
    Cet exemple de piété
    En tout pays fut imité
    Chez la révérende prêtrise ;
    Chacun des peres de l'église
    Eut une femme à son côté ;
    Il n'est point de François de Sale
    Sans une dame de Chantal :
    Un dévot peut penser à mal,
    Mais ne donne point de scandale.

    Bravez donc les discours malins ;
    Demeurez dans mon hermitage,
    Et craignez plus les jeunes saints
    Que les fleurettes d'un vieux sage.

CVII. A M. MARMONTEL.

(1773.)

Mon très aimable successeur,
De la France historiographe,

Votre indigne prédécesseur
Attend de vous son épitaphe.

Au bout de quatre-vingts hivers,
Dans mon obscurité profonde,
Enseveli dans mes déserts,
Je me tiens déja mort au monde.

Mais sur le point d'être jeté
Au fond de la nuit éternelle,
Comme tant d'autres l'ont été,
Tout ce que je vois me rappelle
A ce monde que j'ai quitté.

Si vers le soir un triste orage
Vient ternir l'éclat d'un beau jour,
Je me souviens qu'à votre cour
Le temps change encor davantage.

Si mes paons de leur beau plumage
Me font admirer les couleurs,
Je crois voir nos jeunes seigneurs
Avec leur brillant étalage;
Et mes coqs-d'Inde sont l'image
De leurs pesants imitateurs.

De vos courtisans hypocrites
Mes chats me rappellent les tours;
Les renards, autres chatemites,
Sé glissant dans mes basse-cours,
Me font penser à des jésuites.

Puis-je voir mes troupeaux bêlants,
Qu'un loup impunément dévore,
Sans songer à des conquérants
Qui sont beaucoup plus loups encore?

Lorsque les chantres du printemps
Réjouissent de leurs accents
Mes jardins et mon toit rustique,
Lorsque mes sens en sont ravis,
On me soutient que leur musique
Cede aux bémols des Monsignis,

Qu'on chante à l'opéra comique.
Quel bruit chez le peuple helvétique!
Brionne arrive; on est surpris;
On croit voir Pallas, ou Cypris,
Ou la reine des immortelles;
Mais chacun m'apprend qu'à Paris
Il en est cent presque aussi belles.

Je lis cet éloge éloquent
Que Thomas a fait savamment
Des dames de Rome et d'Athene;
On me dit : Partez promptement,
Venez sur les bords de la Seine,
Et vous en direz tout autant
Avec moins d'esprit et de peine.

Ainsi du monde détrompé,
Tout m'en parle, tout m'y ramene.
Serais-je un esclave échappé
Qui tient encore un bout de chaîne?
Non; je ne suis point faible assez
Pour regretter des jours stériles,
Perdus bien plutôt que passés
Parmi tant d'erreurs inutiles.

Adieu : faites de jolis riens,
Vous encor dans l'âge de plaire,
Vous que les Amours et leur mere
Tiennent toujours dans leurs liens.
Nos solides historiens
Sont des auteurs bien respectables;
Mais à vos chers concitoyens
Que faut-il, mon ami? des fables.

CVIII.   A M. GUYS,

qui avait adressé à l'auteur son voyage littéraire
de la Grece.

(1776.)

L E bon vieillard très inutile
Que vous nommez Anacréon,
Mais qui n'eut jamais de Bâtile,
Et qui ne fit point de chanson ;
Loin de Marseille et d'Hélicon
Acheve sa pénible vie
Auprès d'un poële et d'un glaçon
Sur les montagnes d'Helvétie.
Il ne connaissait que le nom
De cette Grece si polie.
Là bigotte inquisition
S'opposait à sa passion
De faire un tour en Italie.
Il disait aux treize cantons :
Hélas ! il faut donc que je meure
Sans avoir connu la demeure
Des Virgiles et des Platons !
Enfin il se croit au rivage
Consacré par ces demi-dieux :
Il les reconnaît beaucoup mieux
Que s'il avait fait le voyage,
Car il les a vus par vos yeux.

CIX. A UN HOMME. (1)

(1776.)

Philosophe indulgent, ministre citoyen,
Qui ne cherchas le vrai que pour faire le bien,
Qui d'un peuple léger, et trop ingrat peut-être,
Préparais le bonheur et celui de son maitre,
Ce qu'on nomme disgrace a payé tes bienfaits.
Le vrai prix du travail n'est que de vivre en paix.
Ainsi que Lamoignon, délivré des orages,
A toi-même rendu, tu n'instruis que les sages;
Tu n'as plus à répondre aux discours de Paris.
Je crois voir à la fois Athene et Sibaris
Transportés dans les murs embellis par la Seine :
Un peuple aimable et vain, que son plaisir entraîne,
Impétueux, léger, et sur-tout inconstant,
Qui vole au moindre bruit, et qui tourne à tout vent,
Y juge les guerriers, les ministres, les princes;
Rit des calamités dont pleurent les provinces;
Clabaude le matin contre un édit du roi,
Le soir s'en va siffler quelque moderne, ou moi;
Et regrette à souper, dans ses turlupinades,
Les divertissements du jour des barricades.
Voilà donc ce Paris! voilà ces connaisseurs
Dont on veut captiver les suffrages trompeurs!
Hélas! au bord de l'Inde autrefois Alexandre
Disait sur les débris de cent villes en cendre :
Ah! qu'il m'en a coûté quand j'étais si jaloux,
Railleurs Athéniens, d'être loué par vous!
Ton esprit, je le sais, ta profonde sagesse,
Ta mâle probité n'a point cette faiblesse.

(1) M. Turgot.

A d'éternels travaux tu t'étais dévoué
Pour servir ton pays, non pour être loué.
Caton, dans tous les temps gardant son cáractere,
Mourut pour les Romains sans prétendre à leur plaire.
La sublime vertu n'a point de vanité.
. C'est dans l'art dangereux par Phébus inventé,
Dans le grand art des vers, et dans celui d'Orphée,
Que du desir de plaire une muse échauffée
Du vent de la louange excite son ardeur.
Le plus plat écrivain croit plaire à son lecteur.
L'amour-propre a dicté sermons et comédies.
L'éloquent Montazet, gourmandant les impies,
N'a point été fâché d'être applaudi par eux.
Nul mortel en un mot ne veut être ennuyeux.
Mais où sont les héros dignes de la mémoire,
Qui sachent mériter et mépriser la gloire?

~~~~~~

CX. A MADAME NECKER.

(1776.)

J'ÉTAIS nonchalamment tapi,
Dans le creux de cette statue
Contre laquelle a tant glapi
Des méchants l'énorme cohue;
Je voulais d'un écrit galant
Cajoler la belle héroïne
Qui me fit un si beau présent
Du haut de la double colline :
Mais on m'apprend que votre époux,
Qui sur la croupe du Parnasse
S'était mis à côté de vous,
A changé tout-à-coup de place;
Qu'il va de la cour de Phébus,

Petite cour assez brillante,
A la grosse cour de Plutus,
Plus solide et plus importante.
Je l'aimai, lorsque dans Paris
De Colbert il prit la défense,
Et qu'au Louvre il obtint le prix
Que le goût donne à l'éloquence.
A monsieur Turgot j'applaudis,
Quoiqu'il parût d'un autre avis
Sur le commerce et la finance.
Il faut qu'entre les beaux esprits
Il soit un peu de différence;
Qu'à son gré chaque mortel pense;
Qu'on soit honnêtement en France
Libre et sans fard dans ses écrits.
On peut tout dire, on peut tout croire;
Plus d'un chemin mene à la gloire,
Et quelquefois au paradis.

CXI.　A M. le marquis DE VILLETTE.

(1777.)

Mon Dieu! que vos rimes en *ine*
M'ont fait passer de doux moments!
Je reconnais les agréments
Et la légèreté badine
De tous ces contes amusants
Qui faisaient les doux passe-temps
De ma niece et de ma voisine.
Je suis sorcier, car je devine
Ce que seront les jeunes gens;
Et je prévis bien dès ce temps
Que votre muse libertine
Serait philosophe à trente ans:

Alcibiade en son printemps
Etait Socrate à la sourdine.
   Plus je relis et j'examine
Vos vers sensés et très plaisants,
Plus j'y trouve un fonds de doctrine
Tout propre à messieurs les savants,
Non pas à messieurs les pédants,
De qui la science chagrine
Est l'éteignoir des sentiments.
   Adieu : réunissez long-temps
La gaîté, la grace si fine
De vos folâtres enjoûments,
Avec ces grands traits de bon sens
Dont la clarté nous illumine.
Je ne crains point qu'une coquine
Vous fasse oublier les absents :
C'est pourquoi je me détermine
A vous ennuyer de mes *ents*
Entrelacés avec des *ine*.

~~~~~~~~~~~~~~~~~~~~~~~~~~~~~~~~~~~~~~~

CXII. AU MEME,

SUR SON MARIAGE.

Traduction d'une épître de Properce à Tibulle, qui se
mariait avec Délie.

Décembre 1777.

Fleuve heureux du Léthé, j'allais passer ton onde,
   Dont j'ai vu si souvent les bords ;
Lassé de ma souffrance, et du jour, et du monde,
Je descendais en paix dans l'empire des morts,
   Lorsque Tibulle et Délie
   Avec l'Hymen et l'Amour,

Ont embelli mon séjour,
Et m'ont fait a'mer la vie ;
Les glaces de mon cœur ont ressenti leurs feux ;
La Parque a renoué ma trame désunie ;
Leur bonheur me rend heureux.

Enfin vous renoncez, mon aimable Tibulle,
A ce fracas de Rome, au luxe, aux vanités,
A tous ces faux plaisirs célébrés par Catulle ;
Et vous osez dans ma cellule
Goûter de pures voluptés !
Des petits-maitres emportés,
Gens sans pudeur et sans scrupule,
Dans leurs indécentes gaités
Voudront tourner en ridicule
La réforme où vous vous jetez.

Sans doute ils vous diront que Vénus là fripponne,
La Vénus des soupers, la Vénus d'un moment,
La Vénus qui n'aime personne,
Qui séduit tant de monde, et qui n'a point d'amant,
Vaut mieux que la Vénus et tendre et raisonnable,
Que tout homme de bien doit servir constamment.
Ne croyez pas imprudemment
Cette doctrine abominable.
Aimez toujours Délie : heureux entre ses bras,
Osez chanter sur votre lyre
Ses vertus comme ses appas.
Du véritable amour établissez l'empire :
Les beaux esprits romains ne le connaissent pas.

CXIII. A M. le prince DE LIGNE,

sur le faux bruit de la mort de l'auteur, annoncée dans la gazette de Bruxelles, au mois de février 1778.

PRINCE, dont le charmant esprit
Avec tant de grace m'attire ;
Si j'étais mort, comme on l'a dit,
N'auriez-vous pas eu le crédit
De m'arracher du sombre empire?
Car je sais très bien qu'il suffit
De quelques sons de votre lyre.
C'est ainsi qu'Orphée en usait
Dans l'antiquité révérée;
Et c'est une chose avérée
Que plus d'un mort ressuscitait.
Croyez que dans votre gazette,
Lorsqu'on parlait de mon trépas,
Ce n'était pas chose indiscrete;
Ces messieurs ne se trompaient pas.
En effet qu'est-ce que la vie?
C'est un jour, tel est son destin;
Qu'importe qu'elle soit finie
Vers le soir ou vers le matin?

CXIV. A M. le marquis DE VILLETTE.

Les adieux du vieillard.

Paris, 1778.

ADIEU, mon cher Tibulle, autrefois si volage,
Mais toujours chéri d'Apollon,

Au Parnasse fêté comme aux bords du Lignon,
    Et dont l'Amour a fait un sage.
Des champs élysiens, adieu, pompeux rivage,
De palais, de jardins, de prodiges bordé,
Qu'ont encore embelli, pour l'honneur de notre âge;
Les enfants d'Henri-Quatre et ceux du grand Condé;·
Combien vous m'enchantiez, Muses, Graces nouvelles,
    Dont les talents et les écrits
    Seraient de tous nos beaux esprits
    Ou la censure ou les modeles!
Que Paris est changé! les Velches n'y sont plus.
Je n'entends plus siffler ces ténébreux reptiles,
Les Tartuffes affreux, les insolents Zoïles:
J'ai passé; de la terre ils étaient disparus.
Mes yeux, après trente ans, n'ont vu qu'un peuple
    aimable,
Instruit, mais indulgent, doux, vif, et sociable.
Il est né pour aimer : l'élite des Français
Est l'exemple du monde, et vaut tous les Anglais.
De la société les douceurs desirées
Dans vingt états puissants sont encore ignorées:
On les goûte à Paris: c'est le premier des arts.
Peuple heureux, il naquit, il regne en vos remparts.
Je m'arrache en pleurant à son charmant empire;
Je retourne à ces monts qui menacent les cieux,
A ces antres glacés où la nature expire:
Je vous regretterais à la table des dieux.

STANCES.

I. SUR LES POETES EPIQUES.

A MADAME LA MARQUISE DU CHATELET.

PLEIN de beautés et de défauts,
Le vieil Homere a mon estime;
Il est, comme tous ses héros,
Babillard outré, mais sublime.

Virgile orne mieux la raison,
A plus d'art, autant d'harmonie;
Mais il s'épuise avec Didon,
Et rate à la fin Lavinie.

De faux brillants, trop de magie,
Mettent le Tasse un cran plus bas;
Mais que ne tolere-t-on pas
Pour Armide et pour Herminie?

Milton, plus sublime qu'eux tous,
A des beautés moins agréables;
Il semble chanter pour les fous,
Pour les anges, et pour les diables.

Après Milton, après le Tasse,
Parler de moi serait trop fort;
Et j'attendrai que je sois mort,
Pour apprendre quelle est ma place.

Vous en qui tant d'esprit abonde,

Tant de grace et tant de douceur ;
Si ma place est dans votre cœur,
Elle est la premiere du monde.

II. A M. DE FORCALQUIER.

Vous philosophe! ah , quel projet !
N'est-ce pas assez d'être aimable ?
Aurez-vous bien l'air en effet
D'un vieux raisonneur vénérable ?

D'inutiles réflexions
Composent la philosophie.
Eh ! que deviendra votre vie,
Si vous n'avez des passions ?

C'est un pénible et vain ouvrage
Que de vouloir les modérer ;
Les sentir et les inspirer
Est à jamais votre partage.

L'esprit, l'imagination,
Les graces, la plaisanterie,
L'amour du vrai, le goût du bon,
Voilà votre philosophie.

III.   AU MEME,

au nom de madame la marquise du Châtelet, à qui il
avait envoyé une pagode chinoise.

Ce gros Chinois en tout differe
Du Français qui me l'a donné ;

Son ventre en tonne est façonné, .
Et voe : taille est bien légère.

Il a l'air de s'extasier
En admirant notre hémisphere ;
Vous aimez à vous égayer
Pour le moins sur la race entiere,
Que Dieu s'avisa d'y créer.

Le cou penché, clignant les yeux,
Il rit aux anges d'un sot rire ;
Vous avez de l'esprit comme eux,
Je le crois, et je l'entends dire.

Peut-être, en vous parlant ainsi,
C'est vous donner trop de louanges ;
Mais il se pourrait bien aussi
Que je fais trop d'honneur aux anges.

IV.   A MONSEIGNEUR LE PRINCE DE CONTI,

pour un neveu du P. Sanadou, jésuite. (Le P. Sanadou est supposé parler lui-même, de l'autre monde.

Votre ame, à la vertu docile,
Eut de moi plus d'une leçon ;
Je fus autrefois le Chiron
Qui guidait cet aimable Achille.

Mon pauvre neveu Sanadou,
Connu de vous dans votre enfance,
N'a pour ressource que mon nom,
Vos bontés et son espérance.

A vos pieds je voudrais bien fort
L'amener pour vous rendre hommage;
Mais j'ai le malheur d'être mort,
Ce qui s'oppose à mon voyage.

Votre cœur n'est point endurci,
Et sur vous mon espoir se fonde.
Je ne peux rien dans l'autre monde,
Vous pouvez tout dans celui-ci.

Je pourrais me faire un mérite
D'avoir pour vous bien prié Dieu;
Mais jeune prince aime fort peu
Les *oremus* d'un vieux jésuite.

Je ne sais d'où dater ma lettre:
Si par vous mes vœux sont reçus,
En paradis vous m'allez mettre,
Mais en enfer par un refus.

Non, mon neveu, seul misérable,
Est seul à souffrir condamné;
Car qui n'a rien se donne au diable:
Empêchez qu'il ne soit damné. .

V.   A Madame DU BOCAGE.

Milton dont vous suivez les traces
Vous prête ses transports divins:
Eve est la mere des humains,
Et vous êtes celle des Graces.

Comment n'eût-elle pas séduit
La raison la plus indomtable?

Vous lui donnez tout votre esprit ;
Adam était bien pardonnable.

Eve le rendit criminel,
Et vous méritez nos louanges ;
Eve séduisit un mortel,
Et vous auriez séduit les anges.

Sa faute a perdu l'univers ;
Elle ne doit plus nous déplaire,
Et son erreur nous devient chere
Dès que nous lui devons vos vers.

Eve, par sa coquetterie,
Nous a fermé le paradis ;
L'amour, les graces, le génie,
Nous l'ont rouvert par vos écrits.

~~~~~~~~~~~~~~~~~~~~~~~~~~~~~~~~~~

VI. Au président HENAULT,

en lui envoyant le manuscrit de Mérope.

Juin 1740.

Lorsqu'à la ville un solitaire envoie
Des fruits nouveaux, honneur de ses jardins,
Nés sous ses yeux et plantés de ses mains,
Il les croit bons, et prétend qu'on le croie.

Quand, par le don de son portrait flatté,
La jeune Aminte à ses lois vous engage,
Elle ressemble à la divinité
Qui veut vous faire adorer son image.

Quand un auteur de son œuvre entêté

Modestement vous en fait une offrande,
Que veut de vous sa fausse humilité?
C'est de l'encens que son orgueil demande.

Las! je suis loin de tant de vanité.
A tous ces traits gardez de reconnaître
Ce qui par moi vous sera présenté;
C'est un tribut, et je l'offre à mon maître.

VII. AU ROI DE PRUSSE,

en lui adressant un marchand de vin.

A Bruxelles, le 26 auguste 1740.

Le voilà ce monsieur Hony
Que Bacchus a comblé de gloire :
Il prétend qu'il sera honni
S'il ne peut vous donner à boire.

Il garde un mépris souverain
Pour Phébus et pour sa fontaine;
Et dit qu'un verre de son vin
Vaut le Permesse et l'Hippocrene.

Je crois que quelques rois jaloux
Et quelques princes de l'empire,
Pour essayer de vous séduire,
Ont député Hony vers vous.

Comme on leur dit que la sagesse
A grand soin de vous éclairer,
Ils ont voulu vous enivrer
Pour vous réduire à leur espece.

Cher Hony, cette trahison
Est un bien faible stratagème;
Jamais Bacchus et l'Amour même
Ne pourront rien sur sa raison.

Le dieu des amours et le vôtre,
Hony, sont les dieux du plaisir;
Tous deux sont faits pour le servir;
Mais il ne sert ni l'un ni l'autre.

Sans doute Bacchus et l'Amour
Ne sont point ennemis du sage;
Il les reçoit sur son passage
Sans leur permettre un long séjour.

VIII. AU ROI DE PRUSSE.

Berlin, ce 2 novembre 1740.

Adieu, grand homme; adieu coquette,
Esprit sublime et séducteur,
Fait pour l'éclat, pour la grandeur,
Pour les Muses, pour la retraite.

Adieu, vainqueur ou protecteur
Du reste de la Germanie,
De moi, très chétif raisonneur,
Et de la noble poésie.

Adieu, trente ames dans un corps
Que les dieux comblerent de grace,
Qui réunissez les trésors
Qu'on voit divisés au Parnasse.

Adieu, vous dont l'anguste main,
Toujours au travail occupée,
Tient pour l'honneur du genre humain
La plume, la lyre, et l'épée;

Vous qui prenez tous les chemins
De la gloire la plus durable,
Avec nous autres si traitable,
Si grand avec les souverains!

Vous qui n'avez point de faiblesse,
Pas même celle de blâmer
Ceux qu'on voit un peu trop aimer
Ou leurs erreurs ou leur maitresse!

Adieu: puis-je me consoler
Par votre amitié noble et pure?
Le roi me fait un peu trembler,
Mais le grand homme me rassure.

IX. A M. DE CIDEVILLE.

A Bruxelles, 11 juillet 1741.

Si vous voulez que j'aime encore
Rendez-moi l'âge des amours;
Au crépuscule de mes jours
Rejoignez, s'il se peut, l'aurore.

Des beaux lieux où le dieu du vin
Avec l'Amour tient son empire,
Le Temps, qui me prend par la main,
M'avertit que je me retire.

De son inflexible rigueur
Tirons au moins quelque avantage:
Qui n'a pas l'esprit de son âge
De son âge a tout le malheur.

Laissons à la belle jeunesse
Ses folâtres emportements:
Nous ne vivons que deux moments,
Qu'il en soit un pour la sagesse.

Quoi! pour toujours vous me fuyez,
Tendresse, illusion, folie,
Dons du ciel qui me consoliez
Des amertumes de la vie!

On meurt deux fois. je le vois bien:
Cesser d'aimer et d'être aimable,
C'est une mort insupportable;
Cesser de vivre, ce n'est rien.

Ainsi je déplorais la perte
Des erreurs de mes premiers ans;
Et mon ame, aux desirs ouverte,
Regrettait ses égaréments.

Du ciel alors daignant descendre,
L'amitié vint à mon secours:
Elle était peut-être aussi tendre,
Mais moins vive que les amours.

Touché de sa beauté nouvelle,
Et de sa lumiere éclairé,
Je la suivis; mais je pleurai
De ne pouvoir plus suivre qu'elle.

~~~~~~

X. AU ROI DE PRUSSE,

pour en obtenir la grace d'un Français détenu depuis
long-temps dans les prisons de Spandau. (1744.)

Génie universel, ame sensible et ferme,
Grand homme, il est sous vous de malheureux mortels!
Mais quand à ses vertus on n'a point mis de terme,
On en met aux tourments des plus grands criminels.

Depuis vingt ans entiers faut-il qu'on abandonne
Un étranger mourant au poids affreux des fers?
Pluton punit toujours, mais Jupiter pardonne :
N'imiterez-vous plus que le dieu des enfers?

Voyez autour de vous les Prieres tremblantes,
Filles du repentir, maîtresses des grands cœurs,
S'étonner d'arroser de larmes impuissantes
La généreuse main qui sécha tant de pleurs.

Ah! pourquoi m'étaler avec magnificence
Ce spectacle brillant où triompha Titus?
Pour embellir la fête égalez sa clémence,
Et l'imitez en tout, ou ne le vantez plus.

~~~~~~

XI. A Madame la marquise DE POMPADOUR.

A Etiole, juillet 1745.

Il sait aimer, il sait combattre ;
Il envoie en ce beau séjour

Un brevet digne d'Henri-Quatre,
Signé Louis, Mars, et l'Amour.

Mais les ennemis ont leur tour;
Et sa valeur et sa prudence
Donnent à Gand le même jour
Un brevet de ville de France.

Ces deux brevets si bien venus
Vivront tous deux dans la mémoire :
Chez lui les autels de Vénus
Sont dans le temple de la Gloire.

XII. À M. VAN-HAREN,

DÉPUTÉ DES ÉTATS GÉNÉRAUX.

DÉMOSTHENE au conseil, et Pindare au Parnasse,
L'auguste Vérité marche devant tes pas;
Tyrtée a dans ton sein répandu son audace,
Et tu tiens sa trompette, organe des combats.

Je ne puis t'imiter, mais j'aime ton courage:
Né pour la liberté tu penses en héros;
Mais qui naquit sujet ne doit penser qu'en sage,
Et vivre obscurément, s'il veut vivre en repos.

Notre esprit est conforme aux lieux qui l'ont vu
       naître:
A Rome on est esclave, à Londres citoyen.
La grandeur d'un Batave est de vivre sans maître;
Et mon premier devoir est de servir le mien.

XIII.. SUR LE LOUVRE. (1749.)

MONUMENT imparfait de ce siecle vanté
Qui sur tous les beaux arts a fondé sa mémoire,
Vous verrai-je toujours, en attestant sa gloire,
Faire un juste reproche à sa postérité?

Faut-il que l'on s'indigne alors qu'on vous admire,
Et que les nations qui veulent nous braver,
Fieres de nos défauts, soient en droit de nous dire
Que nous commençons tout pour ne rien achever?

Sous quels débris honteux, sous quel amas rustique
On laisse ensevelis ces chefs-d'œuvre divins!
Quel barbare a mêlé la bassesse gothique
A toute la grandeur des Grecs et des Romains?

Louvre, palais pompeux, dont la France s'honore,
Sois digne de ce roi, ton maître et notre appui;
Embellis les climats que sa vertu décore,
Et dans tout ton éclat montre-toi comme lui.

XIV. STANCES IRREGULIERES,

A MADAME LA DAUPHINE,

INBANTE D'ESPAGNE.

SOUVENT la plus belle princesse
Languit dans l'âge du bonheur;
L'étiquette de la grandeur,

Quand rien n'occupe et n'intéresse,
Laisse un vide affreux dans le cœur.

Souvent même un grand roi s'étonne,
Entouré de sujets soumis,
Que tout l'éclat de sa couronne
Jamais en secret ne lui donne
Ce bonheur qu'elle avait promis.

On croirait que le jeu console ;
Mais l'ennui vient à pas comptés,
A la table d'un cavagnole,
S'asseoir entre des majestés.

On fait tristement grande chere
Sans dire et sans écouter rien,
Tandis que l'hébêté vulgaire
Vous assiege, vous considere,
Et croit voir le souverain bien.

Le lendemain, quand l'hémisphere
Est brûlé des feux du soleil,
On s'arrache aux bras du sommeil
Sans savoir ce que l'on va faire.

De soi-même peu satisfait,
On veut du monde, il embarrasse ;
Le plaisir fuit, le jour se passe
Sans savoir ce que l'on a fait.

O temps, ô perte irréparable !
Quel est l'instant où nous vivons !
Quoi ! la vie est si peu durable,
Et les jours paraîtraient si longs !

Princesse, au-dessus de votre âge,

De deux cours auguste ornement,
Vous employez utilement
Ce temps qui si rapidement
Trompe la jeunesse volage.

Vous cultivez l'esprit charmant
Que vous a donné la nature ;
Les réflexions, la lecture,
En font le solide aliment,
Et son usage est sa parure.

S'occuper c'est savoir jouir :
L'oisiveté pese et tourmente.
L'ame est un feu qu'il faut nourrir,
Et qui s'éteint s'il ne s'augmente.

XV. IMPROMPTU

fait à un souper dans une cour d'Allemagne.

Il faut penser, sans quoi l'homme devient,
Malgré son ame, un vrai cheval de somme.
Il faut aimer, c'est ce qui nous soutient ;
Sans rien aimer, il est triste d'être homme.

Il faut avoir douce société
De gens savants, instruits sans suffisance,
Et de plaisirs grande variété,
Sans quoi les jours sont plus longs qu'on ne pense.

Il faut avoir un ami qu'en tout temps
Pour son bonheur on écoute, on consulte,
Qui puisse rendre à notre ame en tumulte
Les maux moins vifs, et les plaisirs plus grands.

Il faut, le soir, uu souper délectable,
Où l'on soit libre, où l'on goûte à propos
Les mets exquis, les bons vins, les bons mots;
Et sans être ivre il faut sortir de table.

Il faut, la nuit, tenir entre deux draps
Le tendre objet que votre cœur adore,
Le caresser, s'endormir dans ses bras,
Et le matin recommencer encore.

Mes chers amis, avouez que voilà
De quoi passer une assez douce vie :
Or, dès l'instant que j'aimai ma Sylvie,
Sans trop chercher j'ai trouvé tout cela.

XVI. AU ROI DE PRUSSE.

La mere de la mort, la vieillesse pesante,
A de son bras d'airain courbé mon faible corps,
Et des maux qu'elle entraîne une suite effrayante
De mon ame immortelle attaque les ressorts.

Je brave vos assauts, redoutable vieillesse;
Je vis auprès d'un sage, et je ne vous crains pas :
    Il vous prêtera plus d'appas
Que le plaisir trompeur n'en donne à la jeunesse.

Coulez, mes derniers jours, sans trouble, sans terreur,
Coulez près d'un héros dont le mâle génie
Vous fait goûter en paix le songe de la vie,
Et dépouille la mort de ce qu'elle a d'horreur.

Ma raison qu'il éclaire en est plus intrépide;
Mes pas par lui guidés en sont plus affermis :

Un mortel que Pallas couvre de son égide
    Ne craint point les dieux ennemis.

O philosophe roi, que ma carriere est belle!
J'irai de Sans-souci, par des chemins de fleurs,
Aux champs élysiens parler à Marc-Aurele
    Du plus grand de ses successeurs.

A Salinste jaloux je lirai votre histoire,
A Lycnrgue vos lois, à Virgile vos vers:
Je surprendrai les morts; ils ne pourront me croire;
Nul d'eux n'a rassemblé tant de talents divers.

Mais, lorsque j'aurai vu ces ombres immortelles,
N'allez pas après moi confirmer mes récits:
Vivez, rendez heureux ceux qui vous sont soumis,
Et n'allez que fort tard auprès de vos modeles.

XVII. A MADAME DENIS.

Aux Délices. (1755.)

L'ART n'y fait rien;les beaux noms,les beaux lieux
Très rarement nous donnent le bien-être.
Est-on heureux, hélas! pour le paraitre,
Et suffit-il d'en imposer aux yeux?

J'ai vu jadis l'abbesse de la Joie,
Malgré ce titre, à la douleur en proie;
Dans Sans-Souci certain roi renommé
Fut de soucis quelquefois consumé.

Il n'en est pas ainsi de mes retraites;
Loin des chagrins, loin de l'ambition,

De mes plaisirs elles portent le nom :
Vous le savez, car c'est vous qui les faites.

XVIII. A M. BLIN DE SAINMORE,

qui avait envoyé à l'auteur une héroïde de Gabrielle
d'Estrées à Henri IV.

Mon amour-propre est vivement flatté
De votre écrit; mon goût l'est davantage :
On n'a jamais par un plus doux langage
Avec plus d'art blessé la vérité.

Pour Gabrielle, en son apoplexie,
Aucuns diront qu'elle parle long-temps;
Mais ses discours sont si vrais, si touchants,
Elle aime tant, qu'on la croirait guérie.

Tout lecteur sage avec plaisir verra
Qu'en expirant la belle Gabrielle
Ne pense point que Dieu la damnera
Pour aimer trop un amant digne d'elle.

Avoir du goût pour le roi très chrétien
C'est œuvre pie; on n'y peut rien reprendre :
Le paradis est fait pour un cœur tendre,
Et les damnés sont ceux qui n'aiment rien.

XIX.   A M. le chevalier DE BOUFFLERS,

qui lui avait envoyé une pièce de vers intitulée
le Coeur.

Certaine dame honnête, et savante, et profonde,
       Ayant lu le traité du cœur,
Disait en se pâmant : Que j'aime cet auteur !
Ah ! je vois bien qu'il a le plus grand cœur du monde.

De mon heureux printemps j'ai vu passer la fleur ;
       Le cœur pourtant me parle encore :
Du nom de Petit-cœur quand mon amant m'honore
       Je sens qu'il me fait trop d'honneur.

Hélas ! faibles humains, quels destins sont les nôtres !
       Qu'on a mal placé les grandeurs !
       Qu'on serait heureux si les cœurs
       Etaient faits les uns pour les autres !

Illustre chevalier, vous chantez vos combats,
       Vos victoires et votre empire ;
Et dans vos vers heureux, comme vous pleins d'appas,
       C'est votre cœur qui vous inspire.

Quand Lisette vous dit : Rodrigue, as-tu du cœur ?
Sur l'heure elle l'éprouve, et dit avec franchise :
       Il eut encor plus de valeur
       Quand il était homme d'église.

XX. A M. DEODATI DE TOVAZI,

qui lui avait envoyé une dissertation sur l'excellence de
la langue italienne.

A Ferney, le 1 février 1761.

Etalez moins votre abondance,
Votre origine et vos honneurs ;
Il ne sied pas aux grands seigneurs
De se vanter de leur naissance.

L'Italie instruisit la France ;
Mais par un reproche indiscret
Nous serions forcés à regret
A manquer de reconnaissance.

Dès long-temps sortis de l'enfance,
Nous avons quitté les genoux
D'une nourrice en décadence
Dont le lait n'ést plus fait pour nous.

Nous pourrions devenir jaloux
Quand vous parlez notre langage;
Puisqu'il est embelli par vous,
Cessez donc de lui faire outrage.

L'égalité contente un sage :
Terminons ainsi le procès;
Quand on est égal aux Français
Ce n'est pas un mauvais partage.

XXI. A L'IMPERATRICE DE RUSSIE,

CATHERINE II,

à l'occasion de la prise de Choczim par les Russes, en 1769.

Fuyez, visirs, bachas, spahis, et janissaires :
Si le nonce du pape, allié du moufti,
Se damnait en armant vos troupes sanguinaires,
Catherine a vaincu, le nonce est converti.

Il doit l'être du moins ; il doit sans doute apprendre
A ne plus réunir la mitre et le turban.
Malheureux Polonais, le fer de l'Ottoman
Mettait donc par vos mains la république en cendre !

De vos vrais intérêts devenez plus jaloux :
Rome et Constantinople ont été trop fatales ;
Il est temps de finir ces horribles scandales ;
Vous serez désormais fortunés malgré vous.

Bientôt de Galitzin la vigilante audace
Ira dans son serrail éveiller Moustapha,
Mollement assoupi sur son large sopha,
Au lieu même où naquit le fier dieu de la Thrace.

O Minerve du Nord, ô toi, sœur d'Apollon,
Tu vengeras la Grece en chassant ces infâmes,
Ces ennemis des arts et ces geoliers des femmes :
Je pars ; je vais t'attendre aux champs de Marathon.

XXII. A Madame la duchesse DE CHOISEUL,

sur la fondation dé Versoy. (1769.)

Madame, un héros destructeur,
S'il est grand, n'est qu'un grand coupable;
J'aime bien mieux un fondateur :
L'un est un dieu, l'autre est un diable.

Dites bien à votre mari
Que des neuf filles de Mémoire
Il sera lé seul favori
Si de fonder il a la gloire.

Didon, que j'aime tendrement,
Sera célebre d'âge en âge ;
Mais quand Didon fonda Carthage
C'est qu'elle avait beaucoup d'argent.

Si le vainqueur de l'Assyrie
Avait eu pour surintendant
Un conseiller du parlement,
Nous n'aurions point Alexandrie.

Nos très sots aïeux autrefois
Ont fondé de pieux asyles
Pour mes moines de saint François;
Mais ils n'out point fondé de villes.

Envoyez-nous des Amphions,
Sans quoi nos peines sont perdues :
A Versoy nous avons des rues,
Et nous n'avons point de maisons.

Sur la raison, sur la justice,
Sur les graces, sur la douceur
Je fonde aujourd'hui mon bonheur,
Et vous êtes ma fondatrice.

~~~~~~~~~~~~~~~~~~~~~~~~~~~~~~~~~~~~~~

XXIII. A M. SAURIN,

DE L'ACADÉMIE FRANCAISE,

sur ce que le général des capucins avait agrégé l'auteur
à l'ordre de saint François, en reconnaissance de quel-
ques services qu'il avait rendus à ces moines.

(1770.)

Il est vrai, je suis capucin,
C'est sur quoi mon salut se fonde;
Je ne veux pas dans mon déclin
Finir comme les gens du monde.

Mon malheur est de n'avoir plus
Dans mes nuits ces bonnes fortunes,
Ces nobles graces des élus,
A mes confreres si communes.

Je ne suis point frere Frapart,
Confessant sœur Luce et sœur Nice;
Je ne porte point le cilice
De saint Grizel, de saint Billard.

J'acheve doucement ma vie;
Je suis prêt à partir demain,
En communiant de la main
Du bon curé de Mélanie.

Dès que monsieur l'abbé Terrai
A su ma capucinerie,
De mes biens il ma délivré :
Que servent-ils dans l'autre vie ?

J'aime fort cet arrangement,
Il est leste et plein de prudence :
Plût à Dieu qu'il en fît autant
A tous les moines de la France !

~~~~~~

XXIV. A Madame NECKER.

Quelle étrange idée est venue
Dans votre esprit sage, éclairé ?
Que vos bontés l'ont égaré !
Et que votre peine est perdue !

A moi chétif une statue !
Je serais d'orgueil enivré !
L'ami Jean-Jacque a déclaré
Que c'est à lui qu'elle était due.

Il la demande avec éclat :
L'univers par reconnaissance
Lui devait cette récompense ;
Mais l'univers est un ingrat.

C'est vous que je figurerai
En beau marbre d'après nature,
Lorsqu'à Paphos je reviendrai,
Et que j'aurai la main plus sûre.

Ah ! si jamais de ma façon
De vos attraits on voit l'image...

On sait comment Pygmalion
Traitait autrefois son ouvrage.

XXV. A Madame DU DEFFANT.

A Ferney, le 16 novembre 1773.

Hé quoi, vous êtes étonnée
Qu'au bout de quatre-vingts hivers
Ma muse faible et surannée
Puisse encor fredonner des vers?

Quelquefois un peu de verdure
Rit sous les glaçons de nos champs;
Elle console la nature,
Mais elle seche en peu de temps.

Un oiseau peut se faire entendre
Après la saison des beaux jours;
Mais sa voix n'a plus rien de tendre,
Il ne chante plus ses amours.

Ainsi je touche encor ma lyre
Qui n'obéit plus à mes doigts;
Ainsi j'essaie encor ma voix,
Au moment même qu'elle expire.

Je veux dans mes derniers adieux,
Disait Tibulle à son amante,
Attacher mes yeux sur tes yeux,
Te presser de ma main mourante.

Mais quand on sent qu'on va passer,
Quand l'ame fuit avec la vie,

A-t-on des yeux pour voir Délie,
Et des mains pour la caresser?

Dans ce moment chacun oublie
Tout ce qu'il a fait en santé :
Quel mortel s'est jamais flatté
D'un rendez-vous à l'agonie?

Délie elle-même à son tour
S'en va dans la nuit éternelle,
En oubliant qu'elle fut belle
Et qu'elle a vécu pour l'amour.

Nous naissons, nous vivons, bergere,
Nous mourons sans savoir comment;
Chacun est parti du néant :
Où va-t-il?... Dieu le sait, ma chere.

XXVI. LES DESAGREMENTS DE LA VIEILLESSE.

Oui, je sais qu'il est doux de voir dans ses jardins
Ces beaux fruits incarnats et de Perse et d'Epire,
De savourer en paix la seve de ses vins,
        Et de manger ce qu'on admire.
J'aime fort un faisan qu'à propos on rôtit ;
De ces perdreaux maillés le fumet seul m'attire;
Mais je voudrais encore avoir de l'appétit.

Sur le penchant fleuri de ces fraîches cascades,
Sur ces prés émaillés, dans ces sombres forêts,
Je voudrais bien danser avec quelques dryades;
        Mais il faut avoir des jarrêts.

J'aime leurs yeux, leur taille, et leurs couleurs ver-
    meilles,

Leurs chants harmonieux, leur sourire enchanteur;
Mais il faudrait avoir des yeux et des oreilles;
On doit s'aller cacher quand on n'a que son cœur.

Vous serez comme moi quand vous aurez mon âge,
Archevêques, abbés, empourprés cardinaux,
      Princes, rois, fermiers-généraux:
Chacun avec le temps devient tristement sage.

      Tous nos plaisirs n'ont qu'un moment
Hélas! quel est le cours et le but de la vie?
      Des fadaises et le néant.
      O Jupiter! tu fis en nous créant
      Une froide plaisanterie.

~~~~~~

XXVII. AU ROI DE PRUSSE,

sur un buste en porcelaine fait à Berlin, représentant l'auteur, et envoyé par sa majesté en janvier 1775.

Epictete au bord du tombeau
A reçu ce présent des mains de Marc-Aurele;
      Il a dit: Mon sort est trop beau:
J'aurai vécu pour lui; je lui mourrai fidele.

Nous avons cultivé tous deux les mêmes arts
      Et la même philosophie,
Moi sujet, lui monarque et favori de Mars,
Et tous les deux par fois objets d'un peu d'envie.

Il rendit plus d'un roi de ses exploits jaloux;
Moi je fus harcelé des gredins du Parnasse.
Il eut des ennemis, il les dissipa tous;
Et la troupe des miens dans la fange croasse.

Les cagots m'ont persécuté ;
Les cagots à ses pieds frémissaient en silence.
Lui sur le trône assis, moi dans l'obscurité,
Nous prêchâmes la tolérance.

Nous adorions tous deux le Dieu de l'univers,
(Car il en est un, quoi qu'on dise ;)
Mais nous n'avions pas la sottise
De le déshonorer par des cultes pervers.

Nous irons tous les deux dans la céleste sphere,
Lui fort tard, moi bientôt. Il obtiendra, je croi,
Un trône auprès d'Achille, et même auprès d'Homere ;
Et j'y vais demander un tabouret pour moi.

XXVIII. STANCES,

sur l'alliance renouvelée entre la France et les Cantons
helvétiques, jurée dans l'église de Soleure, le 15 au-
guste 1777.

Quelle est dans ces lieux saints cette solemnité
Des fiers enfants de la Victoire ?
Ils marchent aux autels de la Fidélité,
De la Valeur, et de la Gloire.

Tels on vit ces héros qui, dans les champs d'Yvri,
Contre la ligue, et Rome, et l'Enfer et sa rage,
Vengeaient les droits du grand Henri,
Et l'égalaient dans son courage.

C'est un dieu bienfaisant, c'est un ange de paix
Qui vient renouveler cette auguste alliance :
Je vois des jours nouveaux marqués par des bienfaits,
Par de plus douces mœurs, et la même vaillance.

ÉNTRES, etc.   20

On joint le caducée au bouclier de Mars
    Sous les auspices de Vergennes.
O monts helvétiens, vous êtes les remparts
    Des beaux lieux qu'arrose la Seine.

Les meilleurs citoyens sont les meilleurs guerriers :
Ainsi Philadelphie étonne l'Angleterre ;
    Elle unit l'olive aux lauriers,
Et défend son pays en condamnant la guerre.

Si le ciel la permet, c'est pour la liberté.
Dieu forma l'homme libre alors qu'il le fit naître ;
L'homme, émané des cieux pour l'immortalité,
    N'eut que Dieu pour pere et pour maître.

On est libre en effet sous d'équitables lois ;
Et la félicité (s'il en est dans ce monde)
Est d'être en sûreté dans une paix profonde
Avec de tels amis et le meilleur des rois.

XXIX. STANCES OU QUATRAINS,

pour tenir lieu de ceux de Pibrac, qui ont un peu vieilli.

Tout annonce d'un Dieu l'éternelle existence ;
On ne peut le comprendre, on ne peut l'ignorer :
La voix de l'univers annonce sa puissance,
Et la voix de nos cœurs dit qu'il faut l'adorer.

    Mortels, tout est pour votre usage ;
    Dieu vous comble de ses présents.
    Ah ! si vous êtes son image,
    Soyez comme lui bienfaisants.

Peres, de vos enfants guidez le premier âge,
Ne forcez point leur goût, mais dirigez leurs pas;
Etudiez leurs mœurs, leurs talents, leur courage:
On conduit la nature, on ne la change pas.

Enfant, crains d'être ingrat; sois soumis, doux,
     sincere; ·
Obéis, si tu veux qu'on t'obéisse un jour.
Vois ton dieu dans ton pere: un dieu veut ton amour;
Que celui qui t'instruit te soit un nouveau pére.

     Qui s'éleve trop s'avilit:
     De la vanité naît la honte.
     C'est par l'orgueil qu'on est petit;
     On est grand quand on le surmonte.

     Fuyez l'indolente paresse;
C'est la rouille attachée aux plus brillants métaux:
L'honneur, le plaisir même est le fils des travaux;
Le mépris et l'ennui sont nés de la mollesse.

Ayez de l'ordre en tout : la carriere est aisée
Quand la regle conduit Thémis, Phébus, et Mars;
La regle austere et sûre est le fil de Thésée
Qui dirige l'esprit au dédale des arts.

L'esprit fut en tout temps le fils de la nature;
Il faut dans ses atours de la simplicité :
Ne lui donnez jamais de trop grande parure;
Quand on veut trop l'orner on cache sa beauté.

Soyez vrai, mais discret; soyez ouvert, mais sage;
Et, sans la prodiguer, aimez la vérité;
     Cachez-la sans duplicité;
     Osez la dire avec courage.

Réprimez tout emportement;
On se nuit alors qu'on offense,
Et l'on hâte son châtiment
Quand on croit hâter sa vengeance.

La politesse est à l'esprit
Ce que la grace est au visage:
De la bonté du cœur elle est la douce image;
Et c'est la bonté qu'on chérit.

Le premier des plaisirs et la plus belle gloire
C'est de prodiguer les bienfaits:
Si vous en répandez, perdez-en la mémoire;
Si vous en recevez, publiez-le à jamais.

La dispute est souvent funeste autant que vaine;
A ces combats d'esprit craignez de vous livrer;
Que le flambeau divin qui doit vous éclairer
Ne soit pas en vos mains le flambeau de la haine.

De l'émulation distinguez bien l'envie:
L'une mene à la gloire, et l'autre au déshonneur;
L'une est l'aliment du génie,
Et l'autre est le poison du cœur.

Par un humble maintien, qu'on estime et qu'on aime,
Adoucissez l'aigreur de vos rivaux jaloux;
Devant eux rentrez en vous-même,
Et ne parlez jamais de vous.

Toutes les passions s'éteignent avec l'âge;
L'amour-propre ne meurt jamais.
Ce flatteur est tyran, redoutez ses attraits,
Et vivez avec lui sans être en esclavage.

ODES.

ODE PREMIERE.

SUR LE VOEU DE LOUIS XIII. (1712.)

Du roi des rois la voix puissante
S'est fait entendre dans ces lieux.
L'or brille, la toile est vivante,
Le marbre s'anime à mes yeux.
Prêtresses de ce sanctuaire,
La Paix, la Piété sincere,
La Foi, souveraine des rois,
Du Très-Haut filles immortelles,
Rassemblent en foule autour d'elles
Les arts animés par leurs voix.

O Vierges, compagnes des justes,
Je vois deux héros prosternés
Dépouiller leurs bandeaux augustes
Par vos mains tant de fois ornés.
Mais quelle puissance céleste
Imprime sur leur front modeste
Cette suprême majesté ?
Terrible et sacré caractere
Dans qui l'œil étonné révere
Les traits de la Divinité.

L'un voua ces fameux portiques ;
Son fils vient de les élever.
O que de projets héroïques
Seul il est digne d'achever !

20.

C'est lui, c'est ce ságe intrépide
Qui triompha du sort perfide
Contre sa vertu conjuré ;
Et de la discorde étouffée
Vint dresser un nouveau trophée
Sur l'autel qu'il a consacré.

Tel autrefois la cité sainte
Vit le plus sage des mortels
Du Dieu qu'enferma son enceinte
Dresser les superbes autels ;
Sa main redoutable et chérie
Loin de sa paisible patrie
Ecartait les troubles affreux,
Et son autorité tranquille
Sur un peuple à lui seul docile
Faisait luire des jours heureux.

O toi, cher à notre mémoire,
Puisque Louis te doit le jour,
Descends du pur sein de la gloire,
Des bons rois éternel séjour ;
Revois les rivages illustres
Où ton fils depuis tant de lustres
Porte ton sceptre dans ses mains ;
Reconnais-le aux vertus suprêmes
Qui ceignent de cent diadèmes
Son front respectable aux humains.

Viens ; la chicane insinuante,
Le duel armé par l'affront,
La révolte pâle et sanglante,
Ici ne levent plus le front :
Tu vis leur cohorte effrénée
De leur haleine empoisonnée
Souffler leur rage sur tes lis ;

Leurs dents, leurs fleches sont brisées,
Et sur leurs têtes écrasées
Marche ton invincible fils.

Viens sous cette voûte nouvelle,
De l'art ouvrage précieux ;
Là brûle, allumé par son zele,
L'encens que tu promis aux cieux.
Offre au Dieu que son·cœur révere
Ses vœux ardents, sa foi sincere,
Humble tribut de piété :
Voilà les dons que tu demandes ;
Grand-Dieu, ce sont là les offrandes
Que tu reçois dans ta bonté.

Les rois sont les vives images
Du Dieu qu'ils doivent honorer.
Tous lui consacrent des hommages ;
Combien peu savent l'adorer !
Dans une offrande fastueuse
Souvent leur piété pompeuse
Au Ciel est un objet d'horreur ;
Sur l'autel que l'orgueil lui dresse
Je vois une main vengeresse
Montrer l'arrêt de sa fureur.

Heureux le roi que la couronne
N'éblouit point de sa splendeur ;
Qui, fidele au Dieu qui la donne,
Ose être humble dans sa grandeur ;
Qui, donnant aux rois des exemples,
Au Seigneur éleve des temples,
Des asyles aux malheureux ;
Dont la clairvoyante justice
Démêle et confond l'artifice
De l'hypocrite ténébreux !

Assise avec lui sur le trône,
La sagesse est son ferme appui;
Si la fortune l'abandonne
Le Seigneur est toujours à lui
Ses vertus seront couronnées
D'une longue suite d'années,
Trop courte encore à nos souhaits;
Et l'abondance dans ses villes
Fera germer ses dons fertiles
Cueillis par les mains de la paix.

Priere pour le roi.

Toi qui formas Louis de tes mains salutaires
Pour augmenter ta gloire et pour combler nos vœux,
Grand Dieu, qu'il soit encor l'appui de nos neveux,
Comme il fut celui de nos peres!

II. SUR LES MALHEURS DU TEMPS.

(1713.)

Aux maux les plus affreux le Ciel nous abandonne.
Le désespoir, la mort, la faim nous environne;
Et les dieux, contre nous soulevés tant de fois,
Equitables vengeurs des crimes de la terre,
    Ont frappé du tonnerre
    Les peuples et les rois.

Des plaines du Tortose aux bords du Borysthene
Mars a conduit son char attelé par la haine:
Les vents contagieux ont volé sur ses pas;
Et soufflant de la mort les semences funestes,
    Ont dévoré les restes
    Echappés aux combats.

D'un monarque puissant la race fortunée
Remplissait de son nom l'Europe consternée:
Je n'ai fait que passer, ils étaient disparus;
Et le peuple abattu, que ce malheur étonne,
   Les cherche auprès du trône,
   Et ne les trouve plus.

Peuples, reconnaissez la main qui vous accable;
Ce n'est point du destin l'arrêt irrévocable,
C'est le courroux des dieux, mais facile à calmer:
Méritez d'être heureux, osez quitter le vice;
   C'est par ce sacrifice
   Qu'on peut le désarmer.

Rome, en sages héros autrefois si fertile,
Rome, jadis des rois la terreur ou l'asyle,
Rome fut vertueuse et domta l'univers;
Mais l'orgueil et le luxe, enfants de la victoire,
   Du comble de la gloire
   L'ont mise dans les fers.

Quoi! verra-t-on toujours de ces tyrans serviles,
Oppresseurs insolents des veuves, des pupiles,
Elever des palais dans nos champs désolés?
Verra-t-on cimenter leurs portiques durables
   Du sang des misérables
   Devant eux immolés?

Elevés dans le sein d'une infâme avarice,
Leurs enfants ont sucé le lait de l'injustice,
Et dans les tribunaux vont juger les humains
Malheur à qui, fondé sur la seule innocence,
   A mis son espérance
   En leurs indignes mains!

Des nobles cependant l'ambition captive

S'endort entre les bras de la mollesse oisive,
Et ne porte aux combats que des corps languissants :
Cessez, abandonnez à des mains plus vaillantes
    Ces piques trop pesantes
    Pour vos bras impuissants.

Voyez cette beauté sous les yeux de sa mere ;
Elle apprend en naissant l'art dangereux de plaire
Et d'exciter en nous de funestes penchants ;
Son enfance prévient le temps d'être coupable ;
    Le vice trop aimable
    Instruit ses premiers ans.

Bientôt, bravant les yeux de l'époux qu'elle outrage,
Elle abandonne aux mains d'un courtisan volage
De ses trompeurs appas le charme empoisonneur ;
Que dis-je ! cet époux à qui l'hymen la lie,
    Trafiquant l'infamie,
    La livre au déshonneur.

Ainsi vous outragez les dieux et la nature !
Oh ! que ce n'était pas de cette source impure
Qu'on vit naître les Francs, des Scythes successeurs,
Qui, du char d'Attila détachant la fortune,
    De la cause commune
    Furent les défenseurs.

Le citoyen alors savait porter les armes ;
Sa fidele moitié, qui négligeait ses charmes,
Pour son retour heureux préparait des lauriers,
Recevait de ses mains sa cuirasse sanglante,
    Et sa hache fumante
    Du trépas des guerriers.

Au travail endurci leur superbe courage
Ne prodigua jamais un imbécille hommage

A de vaines beautés à leurs yeux sans appas ;
Et d'un sexe timide et né pour la mollesse
Ils plaignaient la faiblesse,
Et ne l'adoraient pas.

De ces sauvages temps l'héroïque rudesse
Leur dérobait encor la délicate adresse
D'excuser leurs forfaits par un subtil détour ;
Jamais on n'entendit leur bouche peu sincere
Donner à l'adultere
Le tendre nom d'amour.

Mais insensiblement l'adroite politesse,
Des cœurs efféminés souveraine maitresse,
Corrompit de nos mœurs l'austere pureté,
Et, du subtil mensonge empruntant l'artifice,
Bientôt à l'injustice
Donna l'air d'équité.

Le luxe à ses côtés marche avec arrogance ;
L'or qui naît sous ses pas s'écoule en sa présence ;
Le fol orgueil le suit ; compagnon de l'erreur,
Il sape des états la grandeur souveraine,
De leur chûte certaine
Brillant avant-coureur.

III. SUR LE FANATISME.

Charmante et sublime Emilie,
Amante de la vérité,
Ta solide philosophie
T'a prouvé la Divinité.
Ton ame éclairée et profonde,
Franchissant les bornes du monde,

S'élance au sein de son auteur.
Tu parais son plus bel ouvrage ;
Et tu lui rends un digne hommage
Exempt de faiblesse et d'erreur.

Mais, si les traits de l'athéisme
Sont repoussés par ta raison,
De la coupe, du fanatisme
Ta main renverse le poison :
Tu sers la justice éternelle,
Sans l'âcreté de ce faux zele
De tant de dévots mal-faisants ;
Tel qu'un sujet sincere et juste
Sait approcher d'un trône auguste
Sans les vices des courtisans.

Ce fanatisme sacrilege
Est sorti du sein des autels ;
Il les profane, il les assiege,
Il en écarte les mortels.
O religion bienfaisante,
Ce farouche ennemi se vante
D'être né dans ton chaste flanc !
Mere tendre, mere adorable,
Croira-t-on qu'un fils si coupable
Ait été formé de ton sang ?

On a vu souvent des athées
Estimables dans leurs erreurs ;
Leurs opinions infectées
N'avaient point corrompu leurs mœurs ;
Spinosa fut toujours fidele
A la loi pure et naturelle
Du Dieu qu'il avait combattu ;
Et ce des Barreaux qu'on outrage,
S'il n'eut pas les clartés du sage,

En eut le cœur et la vertu.

Je sentirais quelque indulgence
Pour un aveugle audacieux
Qui nierait l'utile existence
De l'astre qui brille à mes yeux !
Ignorer ton être suprême,
Grand Dieu ! c'est un moindre blasphême
Et moins digne de ton courroux
Que de te croire impitoyable,
De nos malheurs insatiable,
Jaloux, injuste comme nous.

Lorsqu'un dévot atrabilaire,
Nourri de superstition,
A par cette affreuse chimere
Corrompu sa religion,
Le voilà stupide et farouche ;
Le fiel découle de sa bouche,
Le fanatisme arme son bras ;
Et, dans sa piété profonde,
Sa rage immolerait le monde
A son Dieu, qu'il ne connaît pas.

Ce sénat proscrit dans la France,
Cette infâme inquisition,
Ce tribunal où l'ignorance
Traîna si souvent la raison ;
Ces Midas en mitre, en soutane,
Au philosophe de Toscane
Sans rougir ont donné des fers.
Aux pieds de leur troupe aveuglée
Abjurez, sage Galilée,
Le système de l'univers.

Ecoutez ce signal terrible

Qu'on vient de donner dans Paris,
Regardez ce carnage horrible ;
Entendez ces lugubres cris ;
Le frere est teint du sang du frere,
Le fils assassine son pere,
La femme égorge son époux ;
Leurs bras sont armés par des prêtres.
O ciel ! sont-ce là les ancêtres
De ce peuple léger et doux ?

Jansénistes et molinistes,
Vous qui combattez aujourd'hui
Avec les raisons des sophistes,
Leurs traits, leur bile, et leur ennui :
Tremblez qu'enfin votre querelle
Dans vos murs un jour ne rappelle
Ces temps de vertige et d'horreur ;
Craignez ce zele qui vous presse :
On ne sent pas dans son ivresse
Jusqu'où peut aller sa fureur.

Malheureux, voulez-vous entendre
La loi de la religion ?
Dans Marseille il fallait l'apprendre
Au sein de la contagion,
Lorsque la tombe était ouverte,
Lorsque la Provence couverte
Par les semences du trépas,
Pleurant ses villes désolées,
Et ses campagnes dépeuplées,
Fit trembler tant d'autres états.

Belsuns, ce pasteur vénérable,
Sauvait son peuple périssant :
Langeron, guerrier secourable,
Bravait un trépas renaissant ;

Tandis que vos lâches cabales
Dans la mollesse et les scandales
Occupaient votre oisiveté
De la dispute ridicule
Et sur Quesnel et sur la bulle,
Qu'oubliera la postérité.

Pour instruire la race humaine
Faut-il perdre l'humanité?
Faut-il le flambeau de la haine
Pour nous montrer la vérité?
Un ignorant qui de son frere
Soulage en secret la misere
Est mon exemple et mon docteur;
Et l'esprit hautain qui dispute,
Qui condamne, qui persécute,
N'est qu'un détestable imposteur.

IV. A M. LE DUC DE RICHELIEU,

SUR L'INGRATITUDE.

O toi, mon support et ma gloire,
Que j'aime à nourrir ma mémoire
Des biens que ta vertu m'a faits,
Lorsqu'en tous lieux l'ingratitude
Se fait une pénible étude
De l'oubli honteux des bienfaits!

Doux nœuds de la reconnaissance,
C'est par vous que dès mon enfance
Mon cœur à jamais fut lié;
La voix du sang, de la nature,
N'est rien qu'un languissant murmure

Près de la voix de l'amitié.

Eh ! quel est en effet mon pere?
Celui qui m'instruit, qui m'éclaire,
Dont le secours m'est assuré :
Et celui dont le cœur oublie
Les biens répandus sur sa vie,
C'est là le fils dénaturé.

Ingrats, monstres que la nature
A pétris d'une fange impure
Qu'elle dédaigna d'animer,
Il manque à votre ame sauvage
Des humains le plus beau partage ;
Vous n'avez pas le don d'aimer.

Nous admirons le fier courage
Du lion fumant de carnage,
Symbole du dieu des combats.
D'où vient que l'univers déteste
La couleuvre bien moins funeste?
Elle est l'image des ingrats.

Quel monstre plus hideux s'avance?
La nature fuit et s'offense
A l'aspect de ce vieux Giton ;
Il a la rage de Zoïle,
De Gacon l'esprit et le style,
Et l'ame impure de Chausson.

C'est Desfontaines, c'est ce prêtre
Venu de Sodôme à Bicêtre,
De Bicêtre au sacré vallon ;
A-t-il l'espérance bizarre
Que le bûcher qu'on lui prépare
Soit fait des lauriers d'Apollon?

Il m'a dû l'honneur et la vie,
Et, dans son ingrate furie,
De Rousseau lâche imitateur,
Avec moins d'art et plus d'audace,
De la fange où sa voix croasse
Il outrage son bienfaiteur.

Qu'un Hibernois, loin de la France,
Aille ensevelir dans Bizance
Sa honte à l'abri du croissant;
D'un œil tranquille et sans colère
Je vois son crime et sa misere;
Il n'emporte que mon argent.

Mais l'ingrat dévoré d'envie,
Trompette de la calomnie,
Qui cherche à flétrir mon honneur,
Voilà le ravisseur coupable,
Voilà le larcin détestable
Dont je dois punir la noirceur.

Pardon si ma main vengeresse
Sur ce monstre un moment s'abaisse
A lancer ces utiles traits,
Et si de la douce peinture
De ta vertu brillante et pure
Je passe à ces sombres portraits.

Mais lorsque Virgile et le Tasse
Ont chanté dans leur noble audace
Les dieux de la terre et des mers,
Leur muse, que le ciel inspire,
Ouvre le ténébreux empire,
Et peint les monstres des enfers.

V. A MM. DE L'ACADEMIE DES SCIENCES,

qui ont été sous l'équateur et au cercle polaire mesurer
des degrés de latitude. (1735.)

O vérité sublime! ô céleste Uranie!
Esprit né de l'esprit qui forma l'univers,
Qui mesures des cieux la carriere infinie,
    Et qui peses les airs:

Tandis que tu conduis sur les gouffres de l'onde
Ces voyageurs savants, ministres de tes lois,
De l'ardent équateur ou du pole du monde
    Entends ma faible voix.

Que font tes vrais enfants? Vainqueurs de la nature,
Ils arrachent son voile, et ces rares esprits
Fixent la pesanteur, la masse et la figure
    De l'univers surpris.

Les enfers sont émus au bruit de leur voyage:
Je vois paraître au jour les ombres des héros,
De ces Grecs renommés qu'admira le rivage
    De l'antique Colchos.

Argonautes fameux, demi-dieux de la Grece,
Castor, Pollux, Orphée, et vous, heuréux Jason,
Vous de qui la valeur, et l'amour, et l'adresse,
    Ont conquis la toison;

En voyant les travaux et l'art de nos grands hommes,
Que vous êtes honteux de vos travaux passés!
Votre siecle est vaincu par le siecle où nous sommes:
    Venez, et rougissez.

Quand la Grece parlait, l'univers en silence
Respectait le mensonge ennobli par sa voix ;
Et l'Admiration, fille de l'Ignorance,
　　　Chanta de vains exploits.

Heureux qui les premiers marchent dans la carriere !
N'y fassent-ils qu'un pas, leurs noms sont publiés :
Ceux qui, trop tard venus, la franchissent entiere
　　　Demeurent oubliés.

Le mensonge réside au temple de Mémoire ;
Il y grava des mains de la Crédulité
Tous ces fastes des temps destinés pour l'histoire
　　　Et pour la vérité.

Uranié, abaissez ces triomphes des fables ;
Effacez tous ces noms qui nous ont abusés ;
Montrez aux nations les héros véritables
　　　Que vous seule instruisez.

Le Génois qui chercha, qui trouva l'Amérique,
Cortez qui la vainquit par de plus grands travaux,
En voyant des Français l'entreprise héroïque
　　　Ont prononcé ces mots :

L'ouvrage de nos mains n'avait point eu d'exemples,
Et par nos descendants ne peut être imité ;
Ceux à qui l'univers a fait bâtir des temples
　　　L'avaient moins mérité.

Nous avons fait beaucoup, vous faites davantage ;
Notre nom doit céder à l'éclat qui vous suit.
Plutus guida nos pas dans ce monde sauvage ;
　　　La vertu vous conduit.

Comme ils parlaient ainsi, Newton dans l'empyrée,

Newton les regardaït, et du ciel entr'ouvert,
Confirmez, disait-il, à la terre éclairée
    Ce que j'ai découvert.

Tandis que des humains le troupeau méprisable,
Sous l'empire des sens indignement vaincu,
De ses jours indolents traînant le fil coupable,
    Meurt sans avoir vécu;

Donnez un digne essor à votre ame immortelle;
Eclairez des esprits nés pour la vérité:
Dieu vous a confié la plus vive étinçelle
    De la divinité.

De la raison qu'il donne il aime à voir l'usage;
Et le plus digne objet des regards éternels,
Le plus brillant spectacle est l'ame du vrai sage
    Instruisant les mortels.

Máis sur-tout écartez ces serpents détestables,
Ces enfants de l'Envie, et leur souffle odieux;
Qu'ils n'empoisonnent pas ces ames respectables
    Qui s'élevent aux cieux.

Laissez un vil Zoïle aux fanges du Parnasse
De ses croassements importuner le ciel,
Agir avec bassesse, écrire avec audace,
    Et s'abreuver de fiel.

Imitez ces esprits, ces fils de la lumiere,
Confidents du Très-Haut, qui vivent dans son sein,
Qui jettent comme lui sur la nature entiere
    Un œil pur et serein.

VI. SUR LA PAIX DE 1736.

L'ETNA renferme le tonnerre
Dans ses épouvantables flancs ;
Il vomit le feu sur la terre,
Il dévore ses habitants.
Fuyez, dryades gémissantes,
Ces campagnes toujours brûlantes,
Ces abymes toujours ouverts,
Ces torrents de flamme et de soufre,
Echappés du sein de ce gouffre
Qui touche aux voûtes des enfers.

Plus terrible dans ses ravages,
Plus fier dans ses débordements,
Le Pô renverse ses rivages
Cachés sous ses flots écumants :
Avec lui marchent la ruine,
L'effroi, la douleur, la famine,
La mort, les désolations ;
Et dans les fanges de Ferrare
Il entraîne à la mer avare
Les dépouilles des nations.

Mais ces débordements de l'onde,
Et ces combats des éléments,
Et ces secousses qui du monde
Ont ébranlé les fondements,
Fléaux que le ciel en colère
Sur ce malheureux hémisphere
A fait éclater tant de fois,
Sont moins affreux, sont moins sinistres
Que l'ambition des ministres,

Et que les discordes des rois.

De l'Inde aux bornes de la France
Le soleil, en son vaste tour,
Ne voit qu'une famille immense
Que devait gouverner l'amour.
Mortels, vous êtes tous des freres;
Jetez ces armes mercenaires :
Que cherchez-vous dans les combats?
Quels biens poursuit votre imprudence?
En aurez-vous la jouissance
Dans la triste nuit du trépas?

Encor si pour votre patrie
Vous saviez vous sacrifier!
Mais non; vous vendez votre vie
Aux mains qui daignent la payer.
Vous mourez pour la cause inique
De quelque tyran politique
Que vos yeux ne connaissent pas;
Et vous n'êtes, dans vos miseres,
Que des assassins mercenaires
Armés pour des maîtres ingrats.

Tels sont ces oiseaux de rapine,
Et ces animaux mal-faisants,
Apprivoisés pour la ruine
Des paisibles hôtes des champs;
Aux sons d'un instrument sauvage,
Animés, ardents, pleins de rage,
Ils vont d'un vol impétueux,
Sans choix, sans intérêt, sans gloire,
Saisir une folle victoire
Dont le prix n'est jamais pour eux.

O superbe, ô triste Italie!

Que tu plains ta fécondité!
Sous tes débris ensevelie
Que tu déplores ta beauté!
Je vois tes moissons dévorées
Par les nations conjurées
Qui te flattaient de te venger:
Faible, désolée, expirante,
Tu combats d'une main tremblante
Pour le choix d'un maître étranger.

Que toujours armés pour la guerre,
Nos rois soient les dieux de la paix;
Que leurs mains portent le tonnerre,
Sans se plaire à lancer ses traits.
Nous chérissons un berger sage
Qui dans un heureux pâturage
Unit les troupeaux sous ses lois:
Malheur au pasteur sanguinaire
Qui les expose en téméraire
A la dent du tyran des bois!

Eh, que m'importe la victoire
D'un roi qui me perce le flanc,
D'un roi dont j'achete la gloire
De ma fortune et de mon sang!
Quoi! dans l'horreur de l'indigence,
Dans les langueurs, dans la souffrance,
Mes jours seront-ils plus sereins,
Quand on m'apprendra que nos princes
Aux frontieres de nos provinces
Nagent dans le sang des Germains?

Colbert, toi qui dans ta patrie
Amenas les arts et les jeux;
Colbert, ton heureuse industrie
Sera plus chere à nos neveux

Que la vigilance inflexible
De Louvois dont la main terrible
Embrasait le Palatinat,
Et qui sous la mer irritée
De la Hollande épouvantée
Voulait anéantir l'état.

Que Louis jusqu'au dernier âge
Soit honoré du nom de *Grand;*
Mais que ce nom s'accorde au sage,
Qu'on le refuse au conquérant.
C'est dans la paix que je l'admire,
C'est dans la paix que son empire
Florissait sous de justes lois,
Quand son peuple aimable et fidele
Fut des peuples l'heureux modele,
Et lui le modele des rois.

VII. SUR LA MORT DE L'EMPEREUR CHARLES VI. (1740.) .

Il tombe pour jamais ce cedre dont la tête
Défia si long-temps les vents et la tempête,
Et dont les grands rameaux ombrageaient tant d'états.
    En un instant frappée,
    Sa racine est coupée
    Par la faux du trépas.

Voilà ce roi des rois et ses grandeurs suprêmes :
La mort a déchiré ses trente diadèmes,
D'un front chargé d'ennuis dangereux ornement.
    O race auguste et fiere ,
    Un reste de poussiere
    Est ton seul monument.

Son nom même est détruit, le tombeau le dévore ;
Et si le faible bruit s'en fait entendre encore,
On dira quelquefois : Il régnait, il n'est plus ;
    Eloges funéraires
    De tant de rois vulgaires
    Dans la foule perdus.

Ah ! s'il avait lui-même en ces plaines fumantes
Qu'Eugene ensanglanta de ses mains triomphantes
Conduit de ses Germains les nombreux armements,
    Et raffermi l'empire,
    De qui la gloire expire
    Sous les fiers Ottomans !

S'il n'avait pas langui dans sa ville alarmée,
Redoutable en sa cour aux chefs de son armée,
Punissant ses guerriers par lui-même avilis ;
    S'il eût été terrible
    Au sultan invincible.
    Et non pas à Vallis !

Ou si, plus sage encore, et détournant la guerre,
Il eût par ses bienfaits ramené sur la terre
Les beaux jours, les vertus, l'abondance, et les arts,
    Et cette paix profonde
    Que sut donner au monde
    Le second des Césars !

La Renommée alors, en étendant ses ailes,
Eût répandu sur lui les clartés immortelles
Qui de la nuit du temps percent les profondeurs ;
    Et son nom respectable
    Eût été plus durable
    Que ceux de ses vainqueurs.

Je ne profane point les dons de l'harmonie ;

ÉPITRES, etc.   22

Le sévere Apollon défend à mon génie
De verser, en bravant et les mœurs et les lois,
    Le fiel de la satire
    Sur la tombe où respire
    La majesté des rois.

Mais, ô Vérité sainte ; ô juste Renommée,
Amour du genre humain dont mon ame enflammée
Reçoit avidement les ordres éternels,
    Dictez à la mémoire
    Les leçons de la gloire
    Pour le bien des mortels.

Rois, la mort vous appelle au tribunal auguste
Où vous êtes pesés aux balances du juste.
Votre siecle est témoin ; le juge est l'avenir :
    Demi-dieux mis en poudre,
    Lui seul peut vous absoudre,
    Lui seul peut vous punir.

VIII. AU ROI DE PRUSSE,

sur son avènement au trône. (1740.)

Est-ce aujourd'hui le jour le plus beau de ma vie ?
Ne me trompé-je point dans un espoir si doux ?
Vous régnez. Est-il vrai que la philosophie
    Va régner avec vous ?

Fuyez loin de son trône, imposteurs fanatiques,
Vils tyrans des esprits, sombres persécuteurs,
Vous dont l'ame implacable et les mains frénétiques
    Ont tramé tant d'horreurs.

Quoi! je t'entends encore, absurde calomnie!
C'est toi, monstre inhumain, c'est toi qui poursuivis
Et Descartes, et Bayle, et ce puissant génie.
    Successeur de Leibnitz.

Tu prenais sur l'autel un glaive qu'on révere
Pour frapper saintement les plus sages humains.
Mon roi va te percer du fer que le vulgaire
    Adorait dans tes mains.

Il te frappe, tu meurs; il venge notre injure;
La vérité renaît, l'erreur s'évanouit;
La terre éleve au ciel une voix libre et pure;
    Le ciel se réjouit.

Et vous, de Borgia détestables maximes,
Science d'être injuste à la faveur des lois,
Art d'opprimer ia terre, art malheureux des crimes,
    Qu'on nomme l'art des rois;

Périssent à jamais vos leçons tyranniques:
Le crime est trop facile, il est trop dangereux.
Un esprit faible est fourbe; et les grands politiques
    Sont les cœurs généreux.

Ouvrons du monde entier les annales fideles,
Voyons-y les tyrans; ils sont tous malheureux;
Les foudres qu'ils portaient dans leurs mains cri-
    minelles
    Sont retombés sur eux.

Ils sont morts dans l'opprobre, ils sont morts dans
    la rage;
Mais Antonin, Trajan, Marc-Aurele, Titus,
Ont eu des jours sereins, sans nuit et sans orage,
    Purs comme leurs vertus.

Tout siecle eut ses guerriers ; tout peuple a dans
    la guerre
Signalé des exploits par le sage ignorés.
Cent rois que l'on méprise ont ravagé la terre ;
    Régnez et l'éclairez.

On a vu trop long-temps l'orgueilleuse ignorance,
Ecrasant sous ses pieds le mérite abattu,
Insulter aux talents, aux arts, à la science
    Autant qu'à la vertu.

Avec un ris moqueur, avec un ton de maître,
Un esclave de cour, enfant des voluptés,
S'est écrié souvent : Est-on fait pour connaître ?
    Est-il des vérités ?

Il n'en est point pour vous, ame stupide et fiere ;
Absorbé dans la nuit, vous méprisez les cieux.
Le Salomon du Nord apporte la lumiere ;·
    Barbare, ouvrez les yeux.

～～～～～～～～～～～～～～～～～～～～～

IX. A LA REINE DE HONGRIE,

MARIE-THERESE D'AUTRICHE. (1742.)

Fille de ces héros que l'Empire eut pour maitres,
Digne du trône auguste où l'on vit tes ancêtres
Toujours près de leur chûte et toujours affermis ;
    Princesse magnanime,
    Qui jouis de l'estime
    De tous tes ennemis :

Le Français généreux, si fier et si traitable,
Dont le goût pour la gloire est le seul goût durable,

Et qui vole en aveugle où l'honneur le conduit,
 Inonde ton empire,
 Te combat, et t'admire,
 T'adore et te poursuit.

Par des nœuds étonnants l'altiere Germanie,
A l'empire français malgré soi réunie,
Fait de l'Europe entiere un objet de pitié ;
 Et leur longue querelle
 Fut cent fois moins cruelle
 Que leur triste amitié,

Ainsi de l'équateur et des antres de l'ourse
Les vents impétueux emportent dans leur course
Des nuages épais l'un à l'autre opposés ;
 Et tandis qu'ils s'unissent
 Les foudres retentissent
 De leurs flancs embrasés.

Quoi ! des rois bienfaisants ordonnent ces ravages !
Ils annoncent le calme, ils forment les orages !
Ils prétendent conduire à la félicité
 Les nations tremblantes,
 Par les routes sanglantes
 De la calamité !

O vieillard vénérable, à qui les destinées
Ont de l'heureux Nestor accordé les années,
Sage que rien n'alarme et que rien n'éblouit,
 Veux-tu priver le monde
 De cette paix profonde
 Dont ton ame jouit ?

Ah ! s'il pouvait encore, au gré de sa prudence
Tenant également le glaive et la balance,
Fermer, par des ressorts aux mortels inconnus,

De sa main respectée
La porte ensanglantée
Du temple de Janus!

Si de l'or des Français les sources égarées,
Ne fertilisant plus de lointaines contrées,
Rapportaient l'abondance au sein de nos remparts,
Embellissaient nos villes,
Arrosaient les asyles
Où languissent les arts!

Beaux arts, enfants du ciel, de la paix, et des graces,
Que Louis en triomphe amena sur ses traces,
Ranimez vos travaux, si brillants autrefois,
Vos mains découragées,
Vos lyres négligées,
Et vos tremblantes voix.

De l'immortalité vos succès sont le gage.
Tous ces traités rompus, et suivis du carnage,
Ces triomphes d'un jour, si vains, si célébrés,
Tout passe et tout retombe
Dans la nuit de la tombe,
Et vous seuls demeurez.

X. LA CLEMENCE DE LOUIS XIV ET DE LOUIS XV DANS LA VICTOIRE.

Devoir des rois, leçon des sages,
Vertu digne des immortels,
Clémence, de quelles images
Dois-je décorer tes autels?
Dans les débris du Capitole

Irai-je chercher ton symbole?
Rome seule a-t-elle un Titus?
Les Trajans et les Marc-Aureles.
Sont-ils les stériles modeles
Des inimitables vertus?

Ce monarque brillant, illustre,
Digne en effet du nom de grand,
Louis, ne dut-il tant de lustre
Qu'aux triomphes du conquérant?
Il le doit à ces arts utiles
Dont Colbert enrichit nos villes,
Aux bienfaits versés avec choix,
A ses vaisseaux maitres de l'onde,
A la paix qu'il donnait au monde,
Aux exemples qu'il donne aux rois.

Imitez, maîtres de la terre,
Et sa justice et sa bonté;
Que les maux cruels de la guerre
Soient ceux de la nécessité;
Que dans les horreurs du carnage
Le vainqueur généreux soulage
L'ennemi que son bras détruit.
Héros entourés de victimes,
Vos exploits sont autant de crimes
Si la paix n'en est pas le fruit.

La paix est fille de la guerre:
Ainsi les rapides éclairs
Par les vents et par le tonnerre
Épurent les champs et les airs:
Ainsi les alcyons paisibles,
Après les tempêtes horribles,
Sur les eaux chantent leurs amours:
Ainsi, quand Nimegue étonnée

Vit par Louis la paix donnée,
L'Europe entiere eut de beaux jours.

Telle est la brillante carriere
Qu'ouvrit le dernier de nos rois :
Son fils la remplit tout entiere
Par sa clémence et ses exploits ;
Comme lui bienfaiteur du monde,
Son cœur est la source féconde
De la publique utilité ;
Comme lui conquérant et sage,
Il sait combattre avec courage,
Et secourir avec bonté.

Adorateurs de la Clémence,
Transportez-vous à Fontenoi.
Le jour luit, le combat commence,
Bellone admire votre roi.
Voyez cette phalange altiere,
Dans sa marche tranquille et fiere,
En tous nos rangs porter la mort ;
Et Louis, plus inébranlable,
Par son courage inaltérable
Changer et maîtriser le sort.

Ce jour est le jour de la gloire,
Il est celui de la vertu,
Louis au sein de la victoire
Pleure son rival abattu,
Les succès n'ont rien qui l'enivre,
Il sait qu'un héros ne doit vivre
Que pour le bonheur des humains ;
Parmi les feux qui l'environnent,
Sous les lauriers qui le couronnent,
L'olive est toujours dans ses mains.

Guerriers frappés de son tonnerre
Et secourus par ses bienfaits,
Dans les bras sanglants de la guerre
Il daigne demander la paix.
Par quelles maximes funestes
Préférez-vous aux dons célestes
Les fléaux qu'il veut détourner?
O victimes de sa justice,
Quoi ! vous voulez qu'il vous punisse
Quand il ne veut que pardonner !

XI.   (1746).

Est-il encor des satiriques
Qui, du présent toujours blessés,
Dans leurs malins panégyriques
Exaltent les siecles passés ;
Qui, plus injustes que séveres,
D'un crayon faux peignent leurs peres
Dégénérants de leurs aïeux ;
Et leurs contemporains coupables,
Suivis d'enfants plus condamnables,
Menacés de pires neveux ?

Silence, imposture outrageante ;
Déchirez-vous, voiles affreux ;
Patrie auguste et florissante,
Connais-tu des temps plus heureux ?
De la cime des Pyrénées
Jusqu'à ces rives étonnées
Où la mort vole avec l'effroi,
Montre ta gloire et ta puissance ;
Mais pour mieux connaître la France
Qu'on la contemple dans son roi.

Quelquefois la grandeur trop fiere,
Sur son front portant les dédains,
Foule aux pieds dans sa marche altiere
Les rampants et faibles humains.
Les Prieres humbles, tremblantes,
Pâles, sans force, chancelantes,
Baissant leurs yeux mouillés de pleurs,
Abordent ce monstre farouche,
Un indigne éloge à la bouche,
Et la haine au fond de leurs cœurs.

Favori du dieu de la guerre,
Héros, dont l'éclat nous surprend,
De tous les vainqueurs de la terre
Le plus modeste est le plus grand.
O modestie, ô douce image
De la belle ame du vrai sage!
Plus noble que la majesté,
Tu releves le diadême,
Tu décores la valeur même,
Comme tu pares la beauté.

Nous l'avons vu ce roi terrible
Qui sur des remparts foudroyés
Présentait l'olivier paisible
A ses ennemis effrayés.
Tel qu'un dieu guidant les orages,
D'une main portant les ravages
Et les tonnerres destructeurs,
De l'autre versant la rosée
Sur la terre fertilisée,
Couverte de fruits et de fleurs.

L'airain gronde au loin sur la Flandre,
Il n'interrompt point nos loisirs,
Et quand sa voix se fait entendre

C'est pour annoncer nos plaisirs;
Les Muses en habit de fêtes,
Des lauriers couronnant leurs têtes,
Eternisent ces heureux temps;
Et sous le bonheur qui l'accable
La critique est inconsolable
De ne plus voir de mécontents.

Venez, enfants des Charlemagnes,
Paraissez, ombres des Valois,
Venez contempler ces campagnes
Que vous désoliez autrefois;
Vous verrez cent villes superbes
Aux lieux où d'inutiles herbes
Couvraient la face des déserts,
Et sortir d'une nuit profonde
Tous les arts étonnant le monde
De miracles toujours divers.

Au lieu des guerres intestines
De quelques brigands forcenés
Qui se disputaient les ruines
De leurs vassaux infortunés,
Vous verrez un peuple paisible,
Généreux, aimable, invincible,
Un prince au lieu de cent tyrans,
Le joug porté sans esclavage,
Et la concorde heureuse et sage
Du roi, des peuples, et des grands.

Souvent un laboureur habile,
Par des efforts industrieux,
Sur un champ rebelle et stérile
Attira les faveurs des cieux;
Sous ses mains la terre étonnée
Se vit de moissons couronnée

Dans le sein de l'aridité ;
Bientôt une race nouvelle
De ces champs préparés pour elle
Augmenta la fécondité.

Ainsi Pyrrhus après Achille
Fit encore admirer son nom ;
Ainsi le vaillant Paul-Emile
Fut suivi du grand Scipion ;
Virgile au-dessus de Lucrece
Aux lieux arrosés du Permesse
S'éleva d'un vol immortel ;
Et Michel-Ange vit paraître,
Dans l'art que sa main fit renaître,
Les prodiges de Raphaël.

Que des vertus héréditaires
A jamais ornent ce séjour !
Vous avez imité vos peres ;
Qu'on vous imite à votre tour.
Loin ce discours lâche et vulgaire
Que toujóurs l'homme dégénere,
Que tout s'épuise et tout finit :
La nature est inépuisable,
Et le travail infatigable
Est un dieu qui la rajeunit.

XII. Sur la mort de S. A. S. madame la princesse
DE BAREITH.

(1759.)

Lorsqu'en des tourbillons de flamme et de fumée
Cent tonnerres d'airain, précédés des éclairs,

De leurs globes brûlants renversent une armée,
Quand de guerriers mourants les sillons sont couverts,
    Tous ceux qu'épargna la foudre,
    Voyant rouler dans la poudre
    Leurs compagnons massacrés,
    Sourds à la pitié timide,
    Marchent d'un pas intrépide
    Sur leurs membres déchirés.

Ces féroces humains, plus durs, plus inflexibles
Que l'acier qui les couvre au milieu des combats,
S'étonnent à la fin de devenir sensibles,
D'éprouver la pitié qu'ils ne connaissaient pas,
    Lorsque la mort en silence
    D'un pas terrible s'avance
    Vers un objet plein d'attraits,
    Quand ces yeux qui dans les ames
    Lançaient les plus douces flammes
    Vont s'éteindre pour jamais.

Une famille entiere, interdite, éplorée,
Se presse en gémissant vers un lit de douleurs ;
La victime l'attend, pâle, défigurée,
Tendant une main faible à ses amis en pleurs ;
    Tournant en vain la paupiere
    Vers un reste de lumiere
    Qu'elle gémit de trouver,
    Elle présente sa tête ;
    La faux redoutable est prête,
    Et la mort va la lever.

Le coup part, tout s'éteint ; c'en est fait ; il ne reste
De tant de dons heureux, de tant d'attraits si chers,
De ces sens animés d'une flamme céleste,
Qu'un cadavre glacé, la pâture des vers.
    Ce spectacle lamentable,

Cette perte irréparable
Vous frappe d'un coup plus fort
Que cent mille funérailles
De ceux qui dans les batailles
Donnaient et souffraient la mort.

O Bareith ! ô vertus ! ô graces adorées !
Femme sans préjugés, sans vice, et sans erreur,
Quand la mort t'enleva de ces tristes contrées,
De ce séjour de sang, de rapine et d'horreur,
      Les nations acharnées
      De leurs haines forcenées
      Suspendirent les fureurs;
      Les discordes s'arrêterent;
      Tous les peuples s'accorderent
      A t'honorer de leurs pleurs.

De la douce vertu tel est le sûr empire ;
Telle est la digne offrande à tes mânes sacrés :
Vous qui n'êtes que grands, vous qu'un flatteur
      admire,
Vous traitons-nous ainsi lorsque vous expirez ?
      La mort que Dieu vous envoie
      Est le seul moment de joie
      Qui console nos esprits.
      Emportez, ames cruelles,
      Ou nos haines éternelles,
      Ou nos éternels mépris.

Mais toi dont la vertu fut toujours secourable,
Toi dans qui l'héroïsme égala la bonté,
Qui pensais en grand homme, en philosophe aimable,
Qui de ton sexe enfin n'avais que la beauté ;
      Si ton insensible cendre
      Chez les morts pouvait entendre
      Tous ces cris de notre amour,

Tu dirais dans ta pensée :
Les dieux m'ont récompensée
Quand ils m'ont ôté le jour.

C'est nous, tristes humains, nous qui sommes à
    plaindre,
Dans nos champs désolés et sous nos boulevards,
Condamnés à souffrir, condamnés à tout craindre
Des serpents de l'Envie et des fureurs de Mars.
    Les peuples foulés gémissent,
    Les arts, les vertus périssent,
    On assassine les rois ;
    Tandis que l'on ose encore,
    Dans ce siecle que j'abhorre,
    Parler de mœurs et de lois !

Hélas ! qui désormais dans une cour paisible
Retiendra sagement la superstition,
Le sanglant fanatisme, et l'athéisme horrible,
Enchaînés sous les pieds de la religion ?
    Qui prendra pour son modele
    La loi pure et naturelle
    Que Dieu grava dans nos cœurs ?
    Loi sainte aujourd'hui proscrite
    Par la fureur hypocrite
    D'ignorants persécuteurs !

Des tranquilles hauteurs de la philosophie
Ta pitié contemplait avec des yeux sereins
Ces fantômes changeants du songe de la vie,
Tant de travaux détruits, tant de projets si vains ;
    Ces factions indociles
    Qui tourmentent dans nos villes
    Nos citoyens obstinés ;
    Ces intrigues si cruelles
    Qui font des cours les plus belles
    Un séjour d'infortunés.

Du temps qui fuit toujours tu fis toujours usage:
O combien tu plaignais l'infàme oisiveté
De ces esprits sans goût, sans force, et sans courage,
Qui meurent pleins de jours, et n'ont point existé!
  La vie est dans la pensée:
  Si l'ame n'est exercée
  Tout son pouvoir se détruit;
  Ce flambeau sans nourriture
  N'a qu'une lueur obscure
  Plus affreuse que la nuit.

Illustres meurtriers, victimes mercenaires,
Qui, redoutant la honte, et maîtrisant la peur,
L'un par l'autre animés aux combats sanguinaires,
Fuiriez, si vous l'osiez, et mourez par honneur;
  Une femme, une princesse,
  Dans sa tranquille sagesse,
  Du sort dédaignant les coups,
  Souffrant ses maux sans se plaindre,
  Voyant la mort sans la craindre,
  Etait plus brave que vous.

Mais qui célébrera l'amitié courageuse,
Premiere des vertus, passion des grands cœurs,
Feu sacré dont brûla ton ame généreuse
Qui s'épurait encore au creuset des malheurs?
  Rougissez, ames communes,
  Dont les diverses fortunes
  Gouvernent les sentiments;
  Frêles vaisseaux sans boussole
  Qui tournez au gré d'Eole,
  Plus légers que ses enfants.

Cependant elle meurt, et Zoïle respire!
Et des lâches Séjans un lâche imitateur
A la vertu tremblante insulte avec empire;

Et l'hypocrite en paix sourit au délateur !

Le troupeau faible des sages,
Dispersé par les orages,
Va périr sans successeurs ;
Leurs noms, leurs vertus s'oublient,
Et les enfers multiplient
La race des oppresseurs.

Tu ne chanteras plus, solitaire Silvandre,
Dans ce palais des arts où les sons de ta voix
Contre les préjugés osaient se faire entendre,
Et de l'humanité faisaient parler les droits ;

Mais dans ta noble retraite,
Ta voix, loin d'être muette,
Redouble ses chants vainqueurs,
Sans flatter les faux critiques,
Sans craindre les fanatiques,
Sans chercher des protecteurs.

Vils tyrans des esprits, vous serez mes victimes ;
Je vous verrai pleurer à mes pieds abattus ;
A la postérité je peindrai tous vos crimes
De ces mâles crayons dont j'ai peint les vertus.

Craignez ma main raffermie :
A l'opprobre, à l'infamie
Vos noms seront consacrés,
Comme le sont à la gloire
Les enfants de la victoire
Que ma muse a célébrés.

XIII. A LA VÉRITÉ.

Vérité, c'est toi que j'implore ;
Soutiens ma voix, dicte mes vers :

C'est toi qu'on craint et qu'on adore,
Toi qui fais trembler les pervers :
Tes yeux veillent sur la justice ;
Sous tes pieds tombe l'artifice
Par la main du temps abattu ;
Témoin sacré, juge inflexible,
Tu mis ton trône incorruptible
Entre l'audace et la vertu.

Qu'un autre en sa fougue hautaine,
Insultant aux travaux de Mars,
Soit le flatteur du prince Eugene
Et le Zoïle des Césars ;
Qu'en adoptant l'erreur commune,
Il n'impute qu'à la fortune
Les succès des plus grands guerriers ;
Et que du vainqueur du Granique
Son éloquence satirique
Pense avoir flétri les lauriers.

Illustres fléaux de la terre
Qui dans votre cours orageux
Avez renversé par la guerre
D'autres brigands moins courageux,
Je vous hais, mais je vous admire :
Gardez cet éternel empire
Que la gloire a sur nos esprits ;
Ce sont les tyrans sans courage
A qui je ne dois pour hommage
Que de l'horreur et du mépris.

Kouli-kan ravage l'Asie ;
Mais en affrontant le trépas :
Tout mortel a droit sur sa vie ;
Qu'il expire sous mille bras ;
Que le brave immole le brave.

Le guerrier qui frappa Gustave
Ailleurs eût rampé sous ses lois ;
Et dans ces fameuses journées
Au droit du glaive destinées
Tout soldat est égal aux rois.

Mais que ce fourbe sanguinaire,
De Charles-Quint l'indigne fils,
Cet hypocrite atrabilaire,
Entouré d'esclaves hardis,
Entre les bras de sa maitresse
Plongé dans la flatteuse ivresse
De la volupté qui l'endort,
Aux dangers dérobant sa tête,
Envoie en cent lieux la tempête,
Les fers, la discorde, et la mort ;

Que Borgia, sous sa tiare
Levant un front incestueux,
Immole à sa fureur avare
Tant de citoyens vertueux,
Et que la sanglante Italie
Tremble, se taise et s'humilie
Aux pieds de ce tyran sacré :
O terre ! ô peuples qu'il offense !
Criez au ciel, criez vengeance ;
Armez l'univers conjuré.

O vous tous qui prétendez être
Méchants avec impunité,
Vous croyez n'avoir point de maître :
Qu'est-ce donc que la vérité ?
S'il est un magistrat injuste,
Il entendra la voix auguste
Qui contre lui va prononcer ;
Il verra sa honte éternelle

Dans les traits d'un burin fidele,
Que le temps ne peut effacer.

Quel est parmi nous le barbare?
Ce n'est point le brave officier
Qui de Champagne ou de Navarre
Dirige le courage altier;
C'est un pédant morne et tranquille,
Gonflé d'un orgueil imbécille,
Et qui croit avoir mérité,
Mieux que les Molé vénérables,
Le droit de juger ses semblables
Pour l'avoir jadis acheté.

Arrête, ame atroce, ame dure,
Qui veux dans tes graves fureurs
Qu'on arrache par la torture
La vérité du fond des cœurs.
Torture ! usage abominable
Qui sauve un robuste coupable,
Et qui perd le faible innocent;
Du faîte éternel de son temple
La vérité qui vous contemple
Détourne l'œil en gémissant.

Vérité, porte à la mémoire,
Répete aux plus lointains climats
L'éternelle et fatale histoire
Du supplice affreux des Calas ;
Mais dis qu'un monarque propice,
En foudroyant cette injustice,
A vengé tes droits violés.
Et vous, de Thémis interpretes,
Méritez le rang où vous êtes;
Aimez la justice, et tremblez.

Qu'il est beau, généreux d'Argence,
Qu'il est digne de ton grand cœur
De venger la faible innocence
Des traits du calomniateur !
Souvent l'amitié chancelante
Resserre sa pitié prudente ;
Son cœur glacé n'ose s'ouvrir ;
Son zele est réduit à tout craindre :
Il est cent amis pour nous plaindre,
Et pas un pour nous secourir.

Quel est ce guerrier intrépide ?
Aux assauts je le vois voler ;
A la cour je le vois timide :
Qui sait mourir n'ose parler.
La Germanie et l'Angleterre,
Par cent mille coups de tonnerre,
Ne lui font pas baisser les yeux :
Mais un mot, un seul mot l'accable ;
Et ce combattant formidable
N'est qu'un esclave ambitieux.

Imitons les mœurs héroïques
De ce ministre des combats,
Qui de nos chevaliers antiques
A le cœur, la tête, et le bras,
Qui pense et parle avec courage,
Qui de la fortune volage
Dédaigne les dons passagers,
Qui foule aux pieds la calomnie,
Et qui sait mépriser l'envie
Comme il méprisa les dangers.

XIV. Sur le carrousel de l'impératrice de Russie.

(1 7 6 6.)

Sors du tombeau, divin Pindare,
Toi qui célébras autrefois
Les chevaux de quelques bourgeois
Ou de Corinthe ou de Mégare;
Toi qui possédas le talent
De parler beaucoup sans rien dire;
Toi qui modulas savamment
Des vers que personne n'entend,
Et qu'il faut toujours qu'on admire.

Mais commence par oublier
Tes petits vainqueurs de l'Elide ;
Prends un sujet moins insipide ;
Viens cueillir un plus beau laurier.
Cesse de vanter la mémoire
Des héros dont le premier soin
Fut de se battre à coups de poing
Devant les juges de la gloire.

La gloire habite de nos jours
Dans l'empire d'une amazone;
Elle la possede et la donne:
Mars, Thémis, les Jeux, les Amours
Sont en foule autour de son trône.
Viens chanter cette Thalestris
Qu'irait courtiser Alexandre.
Sur tes pas je voudrais m'y rendre
Si je n'étais en cheveux gris.

Sans doute, en dirigeant ta course

Vers les sept étoiles de l'ourse,
Tu verras dans ton vol divin
Cette France si renommée
Qui brille encor dans son déclin;
Car ta muse est accoutumée
A se détourner en chemin.

Tu verras ce peuple volage,
De qui la mode et le langage
Regnent dans vingt climats divers;
Ainsi que ta brillante Grece
Par ses arts, par sa politesse,
Servit d'exemple à l'univers.

Mais il est encor des barbares
Jusque dans le sein de Paris;
Des bourgeois pesants et bizarres,
Insensibles aux bons écrits;
Des frippons aux regards austeres,
Persécuteurs atrabilaires
Des grands talents et des vertus
Et si dans ma patrie ingrate
Tu rencontres quelque Socrate,
Tu trouveras vingt Anitus.

Je m'apperçois que je t'imite.
Je veux aux campagnes du Scythe
Chanter les jeux, chanter les prix
Que la nouvelle Thalestris
Accorde aux talents, au mérite;
Je veux célébrer la grandeur,
Les généreuses entreprises,
L'esprit, les graces, le bonheur,
Et j'ai parlé de nos sottises.

XV. Sur la guerre des Russes contre les Turcs,
en 1768.

L'homme n'était pas né pour égorger ses freres;
Il n'a point des lions les armes sanguinaires;
La nature en son cœur avait mis la pitié :
De tous les animaux seul il répand des larmes;
  Seul il connaît les charmes
  D'une tendre amitié.

Il naquit pour aimer : quel infernal usage
De l'enfant du plaisir fit un monstre sauvage?
Combien les dons du ciel ont été pervertis !
Quel changement, ô dieux ! la nature étonnée,
  Pleurante et consternée,
  Ne connaît plus son fils.

Heureux cultivateurs de la Pensylvanie,
Que par son doux repos votre innocente vie
Est un juste reproche aux barbares chrétiens !
Quand, marchant avec ordre au bruit de leur tonnerre,
  Ils ravagent la terre,
  Vous la comblez de biens.

Vous leur avez donné d'inutiles exemples:
Jamais un Dieu de paix ne reçut dans vos temples
Ces horribles tributs d'étendards tout sanglants ;
Vous croiriez l'offenser; et c'est dans nos murailles
  Que le dieu des batailles
  Est le dieu des brigands.

Combattons, périssons, mais pour notre patrie.

Malheur aux vils mortels qui servent la furie
Et la cupidité des rois déprédateurs !
Conservons nos foyers ; citoyens sous les armes ,
     ' Ne portons les alarmes
       Que chez nos oppresseurs.

Où sont ces conquérants que le Bosphore enfante ?
D'un monarque abruti la milice insolente
Fait avancer la mort aux rives du Tyras ;
C'est là qu'il faut marcher , Roxelans invincibles ;
     Lancez vos traits terribles
       Qu'ils ne connaissent pas.

Frappez , exterminez les cruels janissaires
D'un tyran sans courage esclaves téméraires ;
Du malheur des mortels instruments malheureux ,
Ils voudraient qu'à la fin par le sort de la guerre,
     Le reste de la terre
       Fût esclave comme eux.

La Minerve du Nord vous enflamme et vous guide ;
Combattez , triomphez sous sa puissante égide :
Galitzin vous commande , et Byzance en frémit ;
Le Danube est ému , la Tauride est tremblante ;
     Le serrail s'épouvante ,
       L'univers applaudit.

XVI. A propos de la guerre présente en Grece.

(1768.)

Au fond d'un serrail inutile
  Que fait parmi ses icoglans
  Le vieux successeur imbécille

Des Bajazets et des Orcans?
Que devient cette Grece altiere,
Autrefois savante et guerriere,
Et si languissante aujourd'hui,
Rampante aux genoux d'un tartare,
Plus amollie, et plus barbare,
Et plus méprisable que lui?

Tels n'étaient point ces Héraclides
Suivants de Minerve et de Mars,
Des Persans vainqueurs intrépides,
Et favoris de tous les arts ;
Eux qui, dans la paix, dans la guerre,
Furent l'exemple de la terre,
Et les émules de leurs dieux,
Lorsque Jupiter et Neptune
Leur asservirent la fortune,
Et combattirent avec eux.

Mais quand sous les deux Théodoses
Tous ces héros dégénérés
Ne virent plus d'apothéoses
Que de vils pédants tonsurés,
Un délire théologique
Arma leur esprit frénétique
D'anathêmes et d'arguments,
Et la postérité d'Achille,
Sous la regle de saint Basile,
Fut l'esclave des Ottomans.

Voici le vrai temps des croisades.
Francais, Bretons, Italiens,
C'est trop supporter les bravades
Des cruels vainqueurs des chrétiens.
Un ridicule fanatisme
Fit succomber votre héroïsme,

Sous ces tyrans victorieux.
Ecoutez Pallas qui vous crie :
Vengez moi, vengez ma patrie ;
Vous irez après aux saints lieux.

Je veux ressusciter Athenes.
Qu'Homere chante vos combats,
Que la voix de cent Démosthenes
Ranime vos cœurs et vos bras.
Sortez, renaissez, arts aimables,
De ces ruines déplorables
Qui vous cachaient sous leurs débris ;
Reprenez votre éclat antique,
Tandis que l'opéra comique
Fait les triomphes de Paris.

Que des badauds la populace
S'étouffe à des processions ;
Que des imposteurs à besace
Président aux convulsions ;
Je rirai de cette manie :
Mais je veux que dans Olympie
Phidias, Pigal, ou Vulcain,
Fassent admirer à la terre
Les noirs sourcils du dieu mon pere,
Et mettent la foudre en sa main.

C'est par moi que l'on peut connaître
Le monde antique et le nouveau ;
Je suis la fille du grand Etre,
Et je naquis de son cerveau.
C'est moi qui conduis Catherine,
Quand cette étonnante héroïne,
Foulant à ses pieds le turban,
Réunit Thémis et Bellone,
Et rit avec moi sur son trône

De la bible et de l'alcoran.

Je dictai l'encyclopédie,
Cet ouvrage qui n'est pas court,
A d'Alembert que j'étud.e,
A mon Diderot, à Jaucourt;
J'ordonne encore au vieux Voltaire
De percer de sa main légere
Les serpents du sacré vallon;
Et puisqu'il m'aime et qu'il me venge,
Il peut écraser dans la fange
Le lourd Nonotte et l'abbé Guion.

***

XVII. L'ANNIVERSAIRE DE LA SAINT-BARTHÉLEMI, POUR L'ANNÉE 1772.

Tu reviens après deux cents ans,
Jour affreux, jour fatal au monde:
Que l'abyme éternel du temps
Te couvre de sa nuit profonde!
Tombe à jamais enseveli
Dans le grand fleuve de l'oubli,
Séjour de notre antique histoire!
Mortels, à souffrir condamnés,
Ce n'est que des jours fortunés
Qu'il faut conserver la mémoire.

C'est après le triumvirat
Que Rome devint florissante.
Un poltron, tyran de l'état,
L'embellit de sa main sanglante.
C'est après les proscriptions
Que les enfants des Scipions
Se croyaient heureux sous Octave.

Tranquille et soumis à sa loi,
On vit danser le peuple-roi
En portant des chaînes d'esclave.

Virgile, Horace, Pollion,
Couronnés de myrte ét de lierre,
Sur la cendre de Cicéron
Chantaient les baisers de Glycere;
Ils chantaient dans les mêmes lieux
Où tomberent cent demi-dieux
Sous des assassins mercenaires :
Et les familles des proscrits
Rassemblaient les jeux et les ris
Entre les tombeaux de leurs peres.

Bellone a dévasté nos champs
Par tous les fléaux de la guerre;
Cérés par ses dons renaissants
A bientôt consolé la terre.
L'enfer engloutit dans ses flancs
Les déplorables habitants
De Lisbonne aux flammes livrée;
Abandonna-t-on son séjour?...
On y revint, on fit l'amour;
Et la perte fut réparée.

Tout mortel a versé des pleurs,
Chaque siecle a connu les crimes;
Ce monde est un amas d'horreurs,
De coupables, et de victimes:
Des maux passés le souvenir
Et les terreurs de l'avenir
Seraient un poids insupportable:
Dieu prit pitié du génre humain;
Il le créa frivole et vain
Pour le rendre moins misérable.

XVIII. SUR LE PASSE ET LE PRESENT.

(1775.)

Si la main des rois et des prêtres
Ebranla le monde en tout temps,
Et si nos coupables ancêtres
Ont eu de coupables enfants,
O triste muse de l'histoire,
Ne grave plus à la mémoire
Ce qui doit périr à jamais!
Tu n'as vu qu'horreur et délire.
Les annales de chaque empire
Sont les archives des forfaits.

La fable est encor plus funeste;
Ses mensonges sont plus cruels.
Tantale, Atrée, Egiste, Oreste,
N'épouvantez plus les mortels.
Que je hais le divin Achille,
Sa colere en malheurs fertile,
Et tous ces ridicules dieux
Que vers le ruisseau du Scamandre
Du haut du ciel on fait descendre
Pour inspirer un furieux!

Josué, je hais davantage
Tes sacrifices inhumains:
Quoi! trente rois dans un village
Pendus par tes dévotes mains!
Quoi! ni le sexe, ni l'enfance,
De ton exécrable démence
N'ont pu désarmer la fureur!

Quoi! pour contempler ta conquête
A ta voix le soleil s'arrête!
Il devoit reculer d'horreur.

Mais de ta horde vagabonde
Détournons mes yeux éperdus.
O Rome! ô maîtresse du monde!
Verrai-je en toi quelques vertus?
Ce n'est pas sous l'infâme Octave;
Ce n'est pas lorsque Rome esclave
Succombait avec l'univers,
Ou quand le sixieme Alexandre
Donnait dans l'Italie en cendre
Des indulgences et des fers.

L'innocence n'a plus d'asyle:
Le sang coule à mes yeux surpris
Depuis les vêpres de Sicile
Jusqu'aux matines de Paris.
Est-il un peuple sur la terre
Qui dans la paix ou dans la guerre
Ait jamais vu des jours heureux?
Nous pleurons ainsi que nos peres,
Et nous transmettons nos miseres
A nos déplorables neveux.

C'est ainsi que mon humeur sombre
Exhalait ses tristes accents;
La nuit, me couvrant de son ombre,
Avait appesanti mes sens:
Tout-à-coup un trait de lumiere
Ouvrit ma débile paupiere
Qui cherchait en vain le repos;
Et, des demeures éternelles,
Un génie étendant ses ailes
Daigna me parler en ces mots:

Contemple la brillante aurore
Qui t'annonce enfin les beaux jours :
Un nouveau monde est près d'éclore ;
Até disparaît pour toujours.,
Vois l'auguste philosophie,
Chez toi si long-temps poursuivie,
Dicter ses triomphantes lois.
La vérité vient avec elle
Ouvrir la carriere immortelle
Où devaient marcher tous les rois.

Les cris affreux du fanatique
N'épouvantent plus la raison ;
L'insidieuse politique
N'a plus ni masque ni poison.
La douce, l'équitable Astrée
S'assied, de graces entourée,
Entre le trône et les autels ;
Et sa fille, la bienfaisance,
Vient de sa corne d'abondance
Enrichir les faibles mortels.

Je lui dis : Ange tutélaire,
Quels dieux répandent ces bienfaits ?
— C'est un seul homme. — Et le vulgaire
Méconnaît les biens qu'il a faits !
Le peuple, en son erreur grossiere,
Ferme les yeux à la lumiere,
Il n'en peut supporter l'éclat.
Ne recherchons point ses suffrages ;
Quand il souffre, il s'en prend aux sages ;
Est-il heureux ? il est ingrat.

On prétend que l'humaine race,
Sortant des mains du Créateur,
Osa, dans son absurde audace,

S'élever contre son auteur.
Sa clameur fut si téméraire,
Qu'à la fin Dieu, dans sa colere,
Se repentit de ses bienfaits.
O vous, que l'on voit de Dieu même
Imiter la bonté suprême,
Ne vous en repentez jamais.

FIN.

TABLE

DES

EPITRES, STANCES, ET ODES,

CONTENUES DANS CE VOLUME.

EPITRES.

ÉPÎTRES, etc.   25

STANCES.

ODES.

EDITIONS STEREOTYPES

QUI SONT ACTUELLEMENT EN VENTE,

chez P. Didot *l'aîné, imprimeur, à Paris, au Louvre, galeries, n° 3;*

et F. Didot, *libraire, rue de Thionville, n°* 1850.
Messidor an 8. (Juin 1800.)

AUTEURS LATINS.

Quintus Horatius Flaccus, 1 vol. in-18, avec des notes extraites de Jean Bond, en feuilles, pap. ord., 75 c. *id.* en pap. fin, 1 fr. 50 c. *id.* en pap. vél., 3 f., *id.* en gr. pap. vél., non stéréotype; sans notes, mais non corrigé, 4 f. 50 c.

Publius Virgilius Maro, 1 vol. in-18, orné d'une carte géographique et de petites vignettes gravées d'après l'antique, en feuilles, pap. ord., 75 c. *id.* en pap. fin, 1 f. 25 c. *id.* en pap. vél., 3 f. *id.* en gr. pap. vél., 4 f. 50 c.

Phaedri Fabularum libri quinque, 1 vol. in-18, en feuilles, pap. ord., 30 c. *id.* en pap. fin, 50 c. *id.* en pap. vél., 1 f. 50 c. *id.* en gr. pap. vél., 2 f. 50 c.

Cornelii Nepotis Vitae imperatorum, 1 vol. in-18, en feuilles, pap. ord., 40 c. *id.* en pap. fin, 75 c. *id.* en pap. vél., 2 f. *id.* en gr. pap. vél., 3 f.

C. C. Sallustius. *Sous presse.*

P. Ovidii Nasonis Metamorphoseon libri xv. *Sous presse.*

AUTEURS FRANÇAIS.

Poésies de Malherbe, 1 vol in-18, en feuilles, pap. ord., 65 c. *id.* en pap. fin, 1 f. *id.* en pap. vél., 3 f. *id.* en gr. pap. vél., 4 f. 50 c.

Fables de La Fontaine, suivies d'Adonis, poème, 2 vol. in-18, en feuilles, pap. ord., 1 f. 20 c. *id*. en pap. fin, 2 f. *id*. en pap. vél., 6 f. *id*. en gr. pap. vél., 9 f.

OEuvres completes de Racine, 5 vol. in-18, chaque vol. en feuilles, pap. ord., 65 c. *id*. en pap. fin, chaq. vol., 1 f. *id*. en pap. vél., chaq. vol., 3 f. *id*. en gr. pap. vél., chaq. vol., 4 f. 50 c.

Odes, Cantates, Epîtres, et Poésies diverses de J. B. Rousseau, 2 vol. in-18, en feuilles, pap. ord., 1 f. 30 c. *id*. en pap. fin, 2 f. *id*. en pap. vél., 6 f. *id*. en gr. pap. vél., 9 f.

OEuvres de Moliere, 8 vol. in-18, en feuilles, pap. ord., 5 f. 20 c. *id*. en pap. fin, 8 f. *id*. en pap. vél., 24 f. *id*. en gr. pap. vél., 36 f.

OEuvres completes de Boileau, 2 vol. in-18, en feuilles, pap. ord., 1 fr. 50 c. *id*. en pap. fin, 2 f. 50 c. *id*. en pap. vel., 6 f. *id*. en gr. pap. vel. 9 f.

Télémaque, 2 vol. in-18, en feuilles, pap. ord., 1 f. 20 c. *id*. en pap. fin, 2 f. *id*. en pap. vél., 6 f. *id*. en gr. pap. vél., 9 f.

Chefs-d'oeuvre de P. et Th. Corneille, 4 v. in-18, en feuilles, pap. ord., 3 f. *id* en pap fin, 5 f. *id*. en pap. vél., 12 f. *id*. en gr. pap. vél., 18 f.

Contes de La Fontaine, 2 vol. in-18, en feuilles, pap. ord., 1 f. 20 c. *id*. en pap. fin, 2 f. *id*. pap. vél., 6 f. *id*. gr. pap. vél., 9 f.

La Henriade de Voltaire, 1 vol. in-18, en feuilles, pap. ord., 65 c. *id*. en pap. fin, 1 f. *id*. en pap. vél., 3 f. *id*. en gr. pap. vél., 4 f. 50.

Poemes et discours en vers du même, 1 vol. in-18, en feuilles, pap. ord., 75 c. *id*. en pap. fin, 1 f. 25 c. *id*. en pap. vél., 3 f. *id*. en gr. pap. vél., 4 f. 50 c.

Epîtres, stances, et odes du même, 1 vol. in-18, en feuilles, pap. ord., 75 c. *id*. en pap. fin, 1 f. 25 c. *id*. en pap. vél., 3 f. *id*. en gr. pap. vél., 4 f. 50 c.

Contes en vers, satires, et poésies mêlées, de Voltaire, 1 vol. in-18. *Sous presse.*

Théatre du même, in-18. *Sous presse.*

OEuvres de Regnard, 4 vol. in-18. *Sous presse.*

OEuvres de Crébillon, 3 vol. in-18. *Sous presse.*

AUTEURS ANGLAIS.

The Sentimental Journey, 1 vol. in-18, en feuilles, pap. ord., 75 c. *id.* en pap. fin, 1 f. 25 c. *id.* en pap. vél., 3 f. *id.* en gr. pap. vél., 4 f. 50 c.

The Vicar of Wakefield, avec des notes, 1 vol. in-18, en feuilles, pap. ord., 75 c. *id.* en pap. fin, 1 f. 25 c. *id.* en pap. vél., 3 f. *id.* en gr. pap. vél., 4 f. 50 c.

Letters of mylady Wortley Montague, 1 vol. in-18, en feuilles, pap. ord., 75 c. *id.* en pap. fin, 1 f. 25 c. *id.* en pap. vél., 3 f. *id.* en gr. pap. vél., 4 f. 50.

Fables of Gay, and Moore, 1 vol. in-18, en feuilles, pap. ord., 75 c. *id.* en pap. fin, 1 f. 25 c. *id.* en pap. vél., 3 f. *id.* en gr. pap. vél., 4 f. 50 c.

AUTEURS ITALIENS.

Aminta di Torquato Tasso, 1 vol. in-18, en feuilles, pap. ord., 50 c. *id.* en pap. fin, 90 c. *id.* en pap. vél., 2 f. *id.* en gr. pap. vél., 3 f.

Il Pastor Fido, 1 vol. in-18. *Sous presse.*

N. B. Il a été tiré de toutes les éditions ci-dessus quelques exemplaires en grand format sur vélin.